让你的孩子
不乱发脾气

著 玉雪寒

百花洲文艺出版社
BAIHUAZHOU LITERATURE AND ART PRESS

做一个合格
QUALIFIED
GOOD
MOTHER
MOM
好妈妈

图书在版编目(CIP)数据

让你的孩子不乱发脾气 / 玉雪寒著.—南昌：百花洲文艺出版社，2020.8
（做一个合格好妈妈系列）
ISBN 978-7-5500-3791-5

Ⅰ.①让… Ⅱ.①玉… Ⅲ.①幼儿教育–家庭教育 Ⅳ.①G781

中国版本图书馆 CIP 数据核字(2020)第 130494 号

让你的孩子不乱发脾气

玉雪寒　著

出 版 人	章华荣
策　　划	邹晓冬
责任编辑	余　莔
封面设计	黄敏俊
制　　作	胡红源
出版发行	百花洲文艺出版社
社　　址	南昌市红谷滩区世贸路 898 号博能中心一期 A 座 20 楼
邮　　编	330038
经　　销	全国新华书店
印　　刷	金华市三彩印业有限公司
开　　本	710mm×1000mm 1/16　印张　6
版　　次	2020 年 8 月第 1 版第 1 次印刷
字　　数	67 千字
书　　号	ISBN 978-7-5500-3791-5
定　　价	22.00 元

赣版权登字 05 - 2020 - 100

邮购联系　　0791 - 86895109
网　　址　　http://www.bhzwy.com
图书若有印装错误，影响阅读，可向承印厂联系调换。

小测试

你的孩子情绪稳定吗？

儿童的心理是否健康，很大程度上取决于其情绪的稳定程度。一个人能否取得成功，除了智力因素之外，情绪的稳定性也十分重要。

你的孩子是属于情绪变化无常的人，还是属于情绪稳定性较好的人呢？

妈妈们，通过下面的小测试进行检测，可以更好地了解孩子的情绪是否稳定。

回答下列问题，答案为"是"得1分，答案为"不是"不得分。

测一测

1.孩子是否常常因为不顺心的小事而生气？

　　□ 是　　　□ 不是

2.孩子是否经常莫名其妙地发脾气，并且还不肯说出理由？

　　□ 是　　　□ 不是

3.孩子会否因为某人弄坏了他的东西而迁怒于其他人？

　　□ 是　　　□ 不是

4.孩子是否无节制地吃零食，进而影响到正常进食，在该吃饭的时候不好好吃饭？

　　　　□ 是　　　□ 不是

5.和同龄人一起玩耍时,孩子是否属于受欢迎的一类?

　　□ 是　　□ 不是

6.孩子是否经常和小朋友生气?

　　□ 是　　□ 不是

7.每次和小朋友吵架后,孩子是否都会恶狠狠发誓:"下次再也不跟他玩了！"

　　□ 是　　□ 不是

8.孩子生气时,是否会在背后诅咒或辱骂对方?

　　□ 是　　□ 不是

9.孩子不开心的时候,是否喜欢动手打人,或者咬人?

　　□ 是　　□ 不是

10.孩子被错怪或被误解的时候,情绪会不会非常激动,甚至做出一些过激的行为?

　　□ 是　　□ 不是

11.孩子是否经常莫名其妙地感到头疼、背疼或肚子疼?

　　□ 是　　□ 不是

12.孩子是否不分时间、场合地乱发脾气?

　　□ 是　　□ 不是

13.要求得不到满足时,孩子是否每次都发脾气,不达目的不罢休?

　　□ 是　　□ 不是

14.没有完成家长或老师交代的任务时,孩子是否感到很羞愧?

　　□ 是　　□ 不是

15.孩子的情绪是否很容易受到周围人的影响？

　　□ 是　　□ 不是

16.一个人待着的时候,孩子是否觉得手足无措,不知道该做什么？

　　□ 是　　□ 不是

17.孩子生气的时候是否语无伦次、大哭大闹甚至昏厥？

　　□ 是　　□ 不是

18.你和你的爱人是否容易暴怒,无法控制自己的脾气？

　　□ 是　　□ 不是

19.你的家庭对孩子是否苛求、严格？

　　□ 是　　□ 不是

20.孩子是否经常对身边的人大呼小叫？

　　□ 是　　□ 不是

 **答案解析**

　　如果以上 20 个问题所得分数相加为 0—6 分,说明孩子的情绪稳定程度很高,不容易偏激,通常情况下都能很好地控制自身情绪。

　　如果得分在 8—13 分,说明孩子比较脆弱,容易受到伤害,情绪也容易产生波动。

　　如果得分在 14—20 分,说明孩子的情绪极不稳定,甚至会无理取闹。若情绪无法得到宣泄,还有可能伤害自己或他人。

◀ **作者有话说** ▶

情绪不稳定的孩子有多可怕

知乎上有个热门话题，一位家长问："小学二年级的女儿，每次写作业都会崩溃，每次大哭时都会说出想自杀的话。我该怎么办？"

这位家长说，女儿平时作业量大，可效率不高，又不细心，自尊心还特别强。他和妻子试了很多办法安抚女儿，可再怎么表扬鼓励、好言好语，都没效。如今夫妻俩一筹莫展，无计可施，只好发帖求助，希望能得到些帮助。

一石激起千层浪。答主们献良策妙计后，还忍不住感慨一番："太理解你的心情了，我和孩子他爸也是摸索着走过来的。""用我曾经失败的经验告诉你，问题其实是在父母身上，而不是在孩子。""听你聊你女儿的表现，我仿佛觉得是我老公在吐槽我。"

家长朋友圈流传着这么一句话：不怕孩子调皮捣蛋，最怕孩子情绪崩溃。孩子一言不合摔东西、听到"不"字就大哭大嚷、不合意就打人……种种混乱崩溃的场面，令人欲哭无泪。

为什么平日里像天使一般的孩子，明明没骂他打他，可仍会出现情绪失控的情况呢？

儿童教育专家金伯莉·布雷恩说："孩子任性、发脾气，是因为他们的生理和情感的发育超过了自身的沟通能力。"孩子的每一次崩溃，不过是在传递一个信息："妈妈，我看不见，帮帮

我;妈妈,我肚子饿,请给我吃饭;妈妈,我不会,告诉我……"

可妈妈往往感受不到,反而可能一个劲地把孩子往外推,才让失控的场面愈演愈烈。

根据发展心理学理论,未成年孩子的情绪情感是不稳定的,年纪越小,越容易冲动。当烦躁、痛苦、纠结时,他很难用合适的方式发泄表达,就容易濒临失控。如果身边的人一而再再而三拒绝伸出援手,那么对他而言,就更是毁灭性的打击。

其实,孩子也想照着别人的要求来做,可他自身年龄和发展水平有限,想要控制好不稳定的情绪,就更是难上加难了。情绪崩溃,不过是孩子的"求助信号",他没办法遏制住"负面情绪"这条恶龙,亟须父母齐心协力的帮助。

读不懂孩子的"我不行",只会让孩子更痛苦。父母越是简单粗暴忽视孩子的情绪,就越容易将茫然失措的他置身于孤立无援的处境中。

陶行知说过:"我们对于儿童两种极端的心理都对儿童有害,一是忽视,二是期望太切。忽视则任其像杂草一样自生自灭;期望太过,难免揠苗助长,反而促其夭折。"

西班牙作家珍妮弗·德尔加认为,没有能力表达和控制自己情绪的人,都是"情绪文盲"。传递给孩子情绪管理知识能让孩子走得高;帮助他控制情绪,成为"情绪管家",才能让孩子走得远。

没有一个孩子喜欢放任自己的情绪不受控制,这会让他们觉得丢脸,不安,害怕受罚。

当父母对孩子的全部表示理解和包容时,他们才会有勇

气在父母面前展示真正的自己。

父母和孩子之间,本该架起沟通爱的桥梁。

别在孩子被动关闭输送爱的大门时，父母只想破门而入或视而不见。

相信在父母的爱和关怀下，孩子定能日渐成为一个能够感知自己、接纳自己、成就自己的大人。

目 录

第一章

孩子爱发脾气，正常吗？

① 我不是不乖,我只是生病了

案 例

关键词:生理不适

这几天,五岁的佳佳感冒了,发烧鼻塞咳嗽,情绪也不稳定,稍有一点不如意就大发脾气。我好说歹说都没用,我想去抱他一下,他还赶我走。我既生气又担心,生气是因为我觉得我已经很努力地照顾他了,他不仅不领情,还这么不乖;担心是因为怕他这样下去会无法无天不受控制。

于是我就爆发了，大声吼叫："妈妈也是人，不是神，妈妈被你弄得很累，你知不知道？你还要闹到什么时候？"结果佳佳马上就躲进房间里去了。之后他爸爸去看他，他也很生气地大喊大叫，要赶走爸爸。我们一家都筋疲力尽，不知如何是好。

专家锐评

心疼佳佳。五岁的孩子，不仅要忍受感冒发烧的病痛，还要受到"把妈妈弄得很累"的指责，压力可想而知。

其实孩子在生病时发脾气是很正常的——成年人身体不适时，尚且会焦躁苦恼，何况是孩子。生病时，血液循环、激素分泌等等都有些异常，生理上的变化会导致情绪的波动。所以不是孩子不听话，而是因为生病，原本体内能让他们安静乖巧的物质缺失了，而孩子的理智又不足以克服这种生理反应，因此会哭闹得厉害。

回到佳佳的例子中。原本佳佳的哭闹多半是因为身体难受。平时活蹦乱跳的，突然感冒发烧，不能好好玩耍，连呼吸都不顺畅，还要打针吃药，当然不开心。如果是年龄更小、还不太会说话的孩子，那就连表达难受的能力都没有，只能通过哭闹喊叫来引起家长的关注了。

这时候，如果家长没能理解孩子的苦楚，可能会让孩子更加受伤。当妈妈说"被你弄得很累"时，佳佳躲进了房间。因为他除了生理上不舒服之外，精神上又产生了更多的负面情绪。一方面，他会自责、羞愧、伤心、委屈，认为自己给妈妈添麻烦了，妈妈很累是他造成的。这样的心理负担让他不得不逃避；

另一方面,他会觉得妈妈这样吼叫,说明不爱他了。所以当爸爸去看他时,他都会非常抗拒,不想再让爸爸也"很累",也不想再见到"不爱自己的人"。而事实上,他内心非常渴望得到父母的疼爱。

了解了孩子的状态和感受,我们再来分析妈妈的想法和行为。妈妈的生气和担心都是情有可原的,只是"怕孩子今后会无法无天",这大可不必。孩子并非无理取闹,等他身体好了,他又能开开心心愉快玩耍,自然就不会再胡搅蛮缠,甚至有些孩子还会意识到自己生病期间的行为不当,还会不好意思呢。

那妈妈可不可以对孩子表达"很累"的感受呢?当然可以,不过要注意方式方法。妈妈正常表达自己的喜怒哀乐,有助于调节自身的情绪,同时也可以言传身教,让孩子学会好好沟通。只是,说"妈妈很累,想休息一下"就可以了,不必说"你这样胡闹,让妈妈很累"。只描述自己的感受,不强调孩子的责任,会让沟通效果大大提高。

妈咪魔法棒

孩子生病期间发脾气是可以理解的,生理上的病痛会导致情绪和行为有些异常。了解了这一点之后,我就没那么焦虑了,也不会特别在意佳佳对我的"冒犯",只想着要好好安抚他,让他好起来。

我哄他吃药,抚摸他的背,给他讲故事,他慢慢就安心睡着了。

第二天早上起来,佳佳依然不太舒服,又是尖叫吵闹。我意识到我的情绪也要发作了,就赶紧做了好几个深呼吸,让自己冷静下来, 然后心平气和地对他说:"妈妈知道你不舒服,不过你还是要好好说,要对爸妈有礼貌,比如可以说你不舒服,请爸爸妈妈安慰一下你。"他没出声,我就主动把他抱起来,抱着在客厅走了好几圈,跟他开玩笑,他也就安静了,开心了,之后就很正常地开心吃早餐了。

又过了两天,佳佳感冒好了,情绪也恢复正常。

小 贴 士

1.及时了解孩子的健康状况,尽快就医,耐心、细心地照顾孩子的身体,让他们尽可能舒服一些。

2.孩子稍微冷静下来时,倾听他,抚摸他,给他长久的拥抱,跟他和颜悦色地聊天,帮助他表达自己的需求。

3.告诉孩子:"即便你生病了,妈妈依然爱你。"

② 男孩子就不可以哭鼻子吗?

案 例

关键词:性别差异

我的儿子壮壮6岁,名如其人,又高又壮,比同龄小伙伴高一大截儿,可是他哪像个高高壮壮的男子汉啊,简单是个爱哭鬼——和小朋友玩抓人游戏,被抓住,哭!英语课答不上问题,

被老师轻轻拍一下，哭！到饭店吃饭，没让他点菜，哭！我自己小时候也爱哭，也许是遗传，壮壮也爱哭。可我是女的，爱哭也就算了，壮壮一男孩也这么爱哭，多让人笑话啊。我真是伤透了脑筋，道理讲了一大堆，说："男孩子不可以这样好哭。"他还反问我："凭什么女孩子就可以哭，男孩就不可以？不公平！"我还真是一下子被他问住了。

专家锐评

　　一般来说，三四岁的孩子开始有了性别意识，4 岁以后随着孩子的情绪控制能力逐步提高，性别差异增大，孩子对性别角色的认识趋向明晰，特别是 5 岁以后，男孩子会自觉要求自己的言行像男子汉。即便如此，父母仍应容许男孩子哭，因为

这时候的孩子，语言表达能力不够强，只能靠哭来表达情绪。不论男孩女孩，哭都是情绪的真实流露，也是一种宣泄方式，还是寻求关注、寻求帮助的信号。尤其6岁左右的孩子，像有的父母说的，越大越有心眼，常常追着大人哭，其实，孩子的内心大多想控制亲子关系，哭给最亲密的人看，寻求父母的认同和关注。父母要透过孩子哭闹的表象，反思一下，陪伴孩子的质量如何？是不是因为疏忽，让孩子有了不安全感？

比如壮壮玩游戏时被抓住哭，是因为意识到自己输了，这种感觉让他不舒服；回答不出问题哭，觉得自己没学会，没面子，既有愧疚，也有羞怯；没有机会点菜哭，是觉得父母没有考虑他的意见，希望能够得到更多的关注……孩子爱哭就像爱说话一样，频繁，但每次的意义都不同。搞清楚了爱哭的原因，就知道了男孩子其实也有敏感、脆弱的一面，需要家长特别关注，不能因为"男孩子皮实"就粗枝大叶不予理睬。在爱哭的问题上，妈妈如果能像壮壮要求的那样"男女平等"，男孩子的心理负担就会小一些，改正起来也更容易。

从家庭关系理论来说，壮壮爱哭，也是与妈妈的共情。妈妈爱哭，壮壮就会无意识地模仿和帮助妈妈释放内心情绪。从这个角度来讲，爱哭的男孩子成为"暖男"的概率会更大。

哭和洞察力也有密不可分的关系。孩子能感受到父母对他的关注是真是假，如果父母对他的关心和帮助是发自内心的，孩子的哭声马上就会停止，反之就不会停。比如当孩子想要妈妈陪他玩，妈妈却心不在焉地斜着眼睛瞟手机，孩子就会号啕大哭。因为孩子能感觉到妈妈的心思并不在自己身上，也

不想和他好好相处,所以就会用更大的哭声去提醒妈妈。

再者,衡量孩子是不是具有男子汉气概,仅看是否做到"男儿有泪不轻弹"还是不够客观的,更多的应该培养孩子勇敢、坚强、乐观的品质,不妨带孩子多参加体育运动,培养他的动手、动脑能力,这方面妈妈如果能够动员爸爸一起参加育儿活动那就最好,让爸爸做出榜样,久而久之,壮壮就能成为真正的"壮壮",爱哭的习惯自然也能改掉啦。

妈咪魔法棒

男孩子也有哭的权利。想通了这一点之后,我就不那么担心壮壮太"娘炮"了。他哭的时候,我不会压制他,而是鼓励他用语言来表达,比如"你是不是很伤心""你希望妈妈怎么做"。当孩子抽抽噎噎说出他的想法之后,我再和他心平气和地对话,然后抱抱他。

有一次壮壮又哭,怎么哄也哄不住。我又气又急,想起自己工作不顺,家务繁杂,一时情绪失控,也哭出声来。这时壮壮一下子止住了哭声,惊恐地看着我,还给我擦眼泪,亲吻我,直到我破涕为笑,他也跟着笑了。

我一下子意识到,壮壮是能体会我的情绪的,也会安慰母亲。

虽然跟孩子一起哭是我在无意中发现的一记"妙招",但我还是决定以后不这么用。我应该坚强一些,让孩子在我身上感受到勇敢的力量。

小贴士

1.体谅孩子的感受。不以"你是男孩子"为由指责孩子的哭泣,耐心询问孩子的状态和感受。

2.告诉孩子,"好好说"是最好的方法,哭不解决问题。鼓励孩子学会用语言表达。

3.充分发挥孩子敏感、细腻的特点,朝良性方向引导,培养孩子的观察力和同情心。

③ 孩子在超市抱着玩具不撒手

案例

关键词:物质要求

我的孩子上幼儿园中班。平时爷爷奶奶很宠孩子,每次带孩子去超市,孩子要买什么都尽量满足要求。这次我带孩子去超市,孩子站在超市玩具货架前不肯走,手里紧紧抱着一辆玩具车,我觉得家里类似的玩具已经有了,便不同意买,结果孩子就在超市里大哭大闹,尖叫着"就要买就要买……",还躺倒在地上撒泼打滚。眼看周围聚集上来的人越来越多,我只好挥起巴掌朝孩子身上打过去,几巴掌下去,孩子不尖叫吵闹了。我将孩子拖回了家。这一次弄得两败俱伤,身心俱疲。以后我都不敢再带孩子去超市,碰到这样的情况我该怎么做?

专家锐评

看到超市里琳琅满目的食品、玩具,每个孩子都会被吸引。孩子对新奇的玩具都有占有欲,即便在家长看来玩具车都差不多,但孩子感觉只要没玩过,我都想要。

当父母遇到事先没有预料到的情况,而一时又没有很好的解决方法,只要孩子这个要求不是有害于身心健康的,父母不妨第一次先满足孩子,过后再想办法。比如这位妈妈说的孩子在超市抱着玩具不撒手,可以告诉孩子不买这个玩具的原因,如果孩子坚持要买,可以事后跟孩子说:这次妈妈先答应了你的要求,是考虑到……接着跟孩子讨论以后又碰到了好看的玩具车怎么办。

　　这样既不会刺激孩子不好的行为升级，也给家长留出思考办法的时间，就不会"两败俱伤"了。

　　当然，这样对孩子的妥协，是有分寸的，不能一而再再而三。以后去超市之前，妈妈可以和孩子先一起讨论要买的东西，让孩子表达他的需要，接下来就是大家要遵守约定。

　　另外，不妨从小就给予孩子少量的经济权。根据孩子的年龄，每月给孩子一定的金钱支配额度，孩子可以自行决定买什么，帮助孩子建立经费使用账本，父母有建议权、监督权。

　　假如孩子有一定额度的经济支配权，那么去超市想买什么就是孩子自己做决定的事情了，还会发生超市哭闹、耍赖事件吗？不会，妈妈更不必恐惧带孩子去超市，一家人一起去超市就是一次快乐的亲子活动了。而且孩子如果懂得节约，合理消费，父母还要给予孩子适当的奖励。

　　给孩子一定额度的经济支配权，这种方法不仅帮助孩子从小树立理财的概念，还可以锻炼孩子许多方面的能力，比如做决定的能力、意志力的锻炼、学习能力，并且也从小培养了孩子记账、量入为出的好习惯。

妈咪魔法棒

　　孩子对玩具的渴望是无止境的，为此，我和孩子的爷爷奶奶、外公外婆约定，不再溺爱孩子，不能因为孩子哭闹就无条件满足孩子的无理要求。即便特殊情况下答应了买玩具，也要讲道理，说明原因，而不是一再任由孩子胡闹。

　　后来,我和孩子约定,每月他可以自己支配50元的消费,想买什么,我们在家先商量好,如果想买超出了额度的东西,那就只能透支下个月的额度;如果这个月钱没花完,也可以存到下个月再用。这样一来,孩子从此没有再为买玩具的事哭闹。有一次,孩子看中了一个恐龙玩具,要75元,我跟他说要自己存下钱才可以买。孩子答应了,后来果真忍住了一个月没有买别的东西。等到去超市买回恐龙时,孩子走路都连蹦带跳,别提多高兴了。

　　从此以后,家里就没有出现很多同类型的玩具,孩子也不会再因为物质上的无理要求没得到满足就撒泼打滚,更重要的是,他从小就有了理财观念,真是一举三得。

小 贴 士

　　1.如果被孩子拽进超市,就告诉他没带钱,硬是拽到了收银台,也还是说没带钱,记住一定要坚持住。

　　2.如果孩子在街上撒泼打滚,那就让他闹去,等闹够了再回家。有的家长可能觉得丢脸,但如果孩子第一次这样做被满足了,那么下次他就明白套路了。

　　3.如果是大一点的孩子,可以按约定的周期,一次性给孩子零花钱,让他自己支配。当然,花完钱要让孩子自己记账,如果支出合理,账本记得好,还有额外奖励。

④ 女儿不肯上幼儿园

案例

关键词: 安全需求

　　我女儿柔柔三岁上幼儿园，入园之前我害怕一旦提到上学的事情，孩子会崩溃，所以没跟她提过幼儿园，也没带去参观过。等到开学那天就说是带她去很好玩的地方，然后送过去，等她玩开心了就趁她不注意跑了。本以为决绝一点，她最多哭一会儿，老师哄哄，就不会闹腾了，没想到她根本不适应，

整一个学期都抗拒上幼儿园。每天早上一说送去上幼儿园，就哭得撕心裂肺。有一次我好不容易连拖带拽，把她带到幼儿园门口了，可是她依然抱着我的大腿不撒手。虽然我总是跟她说会第一个来接她，但她还是很不乐意，我到现在都为这事心烦。

专家锐评

孩子之所以会哭闹，是因为他们去上幼儿园，意味着到了一个陌生的地方，这个地方自己完全不熟悉，在这里面会怎样生活？老师是什么样的？会多久看不到父母？什么时候能够回家？他都不清楚。如果我们不能体验孩子的这种感情，可以尝试着想一想，如果是自己要去一个完全陌生的地方，环境不熟悉，没有朋友，去了干什么也不知道，我们的内心会不会同样恐慌？

柔柔妈妈因为担心提到"幼儿园"孩子会受不了，所以干脆不提，甚至招呼都不打一个，就偷偷跑掉。这样一来，孩子突然来到一个过去听都没听说过的陌生地方，自然难以接受，各种恐惧、不适顿时会让孩子手足无措。而有些家长虽然跟孩子讲过幼儿园，但介绍得很浅，比如路过幼儿园会给孩子说，你看那是幼儿园，你要在里面生活。这样的做法也很难让孩子熟悉幼儿园。

孩子上幼儿园时的年龄大多3岁，5岁前孩子的大脑是以行动来思考的，也就是说，孩子只有真正走进幼儿园，他才会思考到关于幼儿园的一切，而父母流于表面的说教并不能让孩子真正认识这些，所以要消除孩子的恐惧，父母还得多做功

课。

　　妈妈可以在入园之前，通过绘本帮助孩子建立幼儿园的概念，让图画中的主人公作为孩子的榜样，帮助孩子了解幼儿园的生活，孩子对图画的敏感会胜过对语言的记忆，用绘本来引导，会比妈妈口头念叨管用很多。同时在家里也可以做游戏，让孩子知道"离开妈妈，和小朋友一起玩"意味着什么。当孩子对幼儿园生活有了初步印象后，再多带孩子去幼儿园实地参观，和幼儿园老师打招呼，看别的小朋友都在做什么。这样一来，孩子再去幼儿园，就不会觉得完全陌生，恐惧感也会减轻不少。

　　另外有一种情况，如果是已经适应了幼儿园生活的孩子，突然又不肯去幼儿园，父母也要留意，是不是孩子在幼儿园遭受了不好的事情，家长应该尽快了解，及时干预。

妈咪魔法棒

　　为了让柔柔愿意上幼儿园，我买了一些绘本陪她一起读，还问她"你那天上幼儿园的时候是不是也这样"，她一开始情绪还是特别激动，听不进去，后来我看到《汤姆上幼儿园》这本书中，汤姆的妈妈给了汤姆一块手帕，告诉汤姆想妈妈了可以拿出来看看。我忽然很感动，意识到当初直接把孩子扔在幼儿园实在是太简单粗暴了。于是我也跟柔柔说，上幼儿园把妈妈给你买的小兔子布娃娃带上，这样你就可以感觉妈妈还在身边。

　　后来，我也找了几个比柔柔略大一些的邻居小朋友，让他们跟柔柔一起玩，多讲讲幼儿园里发生的有趣的事。有个读大

班的小姐姐表达能力很强,讲老师结婚还给孩子们发喜糖。柔柔就有些羡慕了。我努力让孩子知道上幼儿园是一件美好愉快的事情。有一次,她奶奶说了一句"再调皮就送你去幼儿园",我立即制止了这种说法。因为不能让孩子把"上幼儿园"当作一种惩罚,否则会加重她的心理负担。

再后来,我请假带孩子去幼儿园,陪着她玩了两次,也和老师聊过,然后告诉孩子:"老师和妈妈成了朋友,你在这里没关系。"

另外,因为我那次"不告而别",柔柔总是担心我会突然不要她。此后我就非常注意,每次要离开她时都会好好说再见,并且告诉她妈妈什么时候会回来接她。

慢慢地,柔柔终于愿意去幼儿园了,有时还主动跟我讲幼儿园里发生的事。这下,我终于放心了。

小贴士

1.通过读绘本、游戏互动、实地参观等方式,帮助孩子熟悉幼儿园的生活环境。

2.入园前就帮助孩子养成和幼儿园一样的作息规律,以便适应幼儿园的生活习惯。

3.接送孩子都要有仪式感,定好规矩,约定时间,言而有信。

⑤ 为什么要和别人分享玩具

案　例

关键词：领主意识

我的女儿西西3岁，非常可爱，只是有一点：什么都不肯和别人分享。比如她和别的孩子一起玩，人家都把自己的玩具摊开来，大家一起玩，唯独她总是把自己的东西藏起来。有时我问她：小姐姐把小猪佩奇给你了，我们把小帆船给妹妹玩好不好？她噘着嘴，不肯拿出来。我说：那你这样子，我就把小猪佩奇还给妹妹了。她又不肯。人家家长都在旁边看着，我实在很尴尬，于是硬把小帆船拿出来给了邻居小姐姐。她受不了了，追上去抢，还大喊："我的！我的！"

我就很奇怪，孩子怎么这么自私呢？尤其是别的家长在场的时候，就显得我们家孩子特别小气，这让我感觉特别没面子。

专家锐评

家庭教育专家高闰青在她的《家庭教育:为孩子的成长打好底色》一书中说:孩子的分享有一个发展规律:一般来说,在0-1岁的时候,我的东西谁都可以玩儿;1-2岁的时候,我喜欢的就是我的;2-3岁则是我的东西你不能碰;3-4岁,我的可以分享给你;4-5岁,幼儿园的东西是我的;5-6岁,我的东西愿意分享给需要的人。

通常,孩子会在两岁左右自我意识开始觉醒,开始产生"我"的概念,也开始区分"我的、你的",而"占有欲"是这一时期的主旋律,孩子会本能地把所有他看到、拿到的东西都认定是自己一个人的,别人不可以拿,甚至连碰一下都不可以,这就是他的领主意识。

3岁左右的孩子开始通过一对一的物品交换来感受和发展人际关系,比如我把我的玩具熊给你、你把你的小汽车给我,咱俩从此就是好朋友。他们不会在乎,也分不清楚这个物品的价值高低与好坏。相比两岁时的占有欲,这已经是进步了,因为孩子已经不再一味要求独占了。

西西现在3岁,正是由"独占"到"分享"过渡的阶段,这是孩子的成长过程,算不得"自私"。孩子在不同的年龄阶段,对物品怀有不一样的心理需求和表现特征,只有掌握好孩子的心理需求规律,在尊重孩子发展规律的基础上,给予正确的引导,才能让孩子对于物品的分享有正确的认识,也才能对分享这一概念有正确的理解。

　　其实，西西喜欢拿别人的小猪佩奇，可能只是出于好奇，想看看别人的玩具和自己的有什么不同。而她不肯分享小帆船，可能是出于对其他小朋友的不信任，比如人家会不会玩坏了我的玩具呀，会不会不还给我呀。孩子有这种顾虑都是很正常的。孩子喜欢"拥有"的感觉。他们只有先体会"拥有"的滋味，理解"拥有"是怎么回事，才能慢慢学会分享。

　　孩子有时候可能就是不想和小朋友分享自己喜欢的东西，妈妈千万不要强制要求孩子分享，或者硬是从孩子手里抢出来送给其他小朋友。这会让孩子误以为自己的感受不重要，爸爸妈妈不喜欢自己，进一步产生不信任感，从此以后孩子可能更会过度保护自己的物品，让以后学习分享的行为更难。

妈咪魔法棒

　　后来带西西出去玩，我都会问她：哪些玩具你愿意拿出去和别人交换着玩？哪些不愿意分享？不愿分享的我们就放在家里，不带出去了。一开始西西还是不情愿，后来只带了一只电动小鸭子。我说：如果有其他小朋友愿意和你分享玩具，我们也把小鸭子拿给别人玩，不许再哭闹，好不好？她答应了。这样就比较顺利地解决了这个问题，既保护了她最心爱的玩具，也让她学会了分享。而且从此之后，她更加有自己的想法了，毕竟有了自主决定分享哪个玩具的权利。

　　以前是我父母帮我带孩子，老人家省吃俭用惯了，总是跟西西说："外婆舍不得吃，都留给宝宝吃。"久而久之，孩子就觉得独享一切是天经地义的。后来我会有意识引导，把自己的需

求告诉孩子,比如我会说:草莓真好吃,妈妈也想吃一个,你给不给?这时候孩子还是愿意给的。我就夸奖她:妈妈吃到了西西给的草莓,特别开心,西西做得真棒,西西是不是也非常开心呀? 这时候她就会不好意思地笑笑。

买东西我也会带着她,跟她说:苹果我们一人一个好不好?外公外婆也喜欢吃,我们多买一点。这样一来,我们就形成了"分享"的家庭氛围。出去玩的时候,西西和别的小朋友也学会了说"你一个我一个",再也不"小气"了。

小贴士

1.尊重孩子的选择,让孩子享受拥有的过程,再引导孩子分享。

2.把自己的需要和感受告诉孩子,在家庭中先养成互相分享的好习惯。

3.鼓励孩子和其他小朋友交往,建立信任。

小结

孩子发脾气,可能是生理、心理、性别、年龄、生活环境、安全需求等各方面因素导致的。一般来说,孩子爱发脾气都是正常现象,妈妈不必过于紧张,早早给孩子扣上"不懂事、自私、怯懦"的大帽子;但也不能对孩子的坏脾气置之不理,一味纵容。认真观察孩子的表现,分析孩子发脾气的原因,积极探索孩子的成长规律,就能掌握方法,因势利导,就能培养出讲道理、好脾气的孩子。

第二章

当孩子发脾气时，他在想什么？

① 我真不想起床啊

案例

关键词:生理需要

我女儿洋洋读小学一年级,早上经常不肯起床。前几天又是睡到七点半,我实在忍不住了,对她吼:"都快迟到了,你又想被罚站吗?"她也对我大喊大叫:"我不要你管,我就是不想起床!"后来还是磨磨蹭蹭坐起来穿衣服。结果穿衣服又穿了10分钟。刷牙洗脸都是敷衍过去的,头发也没来得及梳,我塞了两块面包让她带在路上吃,然后骑电动车送她去学校,一路上感觉她都迷迷糊糊的。上课还是迟到了5分钟,我又赶去上班,也迟到了。一大早还跟女儿为起床的事呕了气,太伤脑筋了。

专家锐评

　　孩子为什么不想起床呢? 直接原因可能是没睡够。1-2 岁的小宝宝每天的睡眠时间应该是 11-14 个小时, 而 3-5 岁的孩子每天应该睡到 10-13 个小时,7 岁的孩子应该保证每天 10 小时的睡眠时间。如果晚上睡得太晚, 早上当然不肯起床。有时孩子玩过头了, 晚上不肯睡觉, 而父母一边催促孩子睡觉, 一边自己又磨磨蹭蹭,玩手机,孩子有样学样,更不肯睡。第二天早上的情形可想而知。

　　不过,孩子不肯起床,原因未必就这么简单,我们还要想想:孩子从床上到床下,意味着什么?

　　或许对于孩子来讲, 在床上就仿佛依然还在妈妈的肚子里,有种被接纳的安全感,我们处在一个大肚子(大被窝)里,是一种放松的状态。而一旦孩子下床, 就意味着他就是独立的个体,和这个熟悉的、温暖的、舒服的被窝分开了,不再那么舒服了。更关键的就是,孩子需要一个人去面对这个世界了。

　　就像洋洋,刚读一年级,作为一个独立的个体,她要上课,要参加学校的各种集体活动, 在学校里没有人会格外照顾她……

　　所以,孩子说"真不想起床",并非只是针对起床这件事,而是对起床之后可能要面对的各种事情存在焦虑感。他担心自己一个人独立去面对这个世界。

　　这种情绪, 家长应当有所觉察, 避免负面情绪互相影响。洋洋赖床时,妈妈带了情绪,催催催,这种焦虑情绪,被洋洋敏

锐地抓住,又吸收了,加剧了她的逆反心理。本来孩子一大早就是半梦半醒的状态,大脑都还没有完全"开机",如果妈妈硬是叫孩子起床,只会激怒孩子,让他们更生气,故意与妈妈对着干,说不定一场家庭大战就这样爆发了。

要想让孩子乖乖起床,还得先满足他的身心需求呀。

妈咪魔法棒

原来孩子不起床,还有这么多原因。明白了之后,我就调整我的策略了。首先我自己改掉了晚上磨洋工玩手机的坏习惯,到了时间就睡觉,给孩子做榜样。

细节上,我也留意,把闹钟调快 10 分钟,给孩子弹性的赖床时间,还特意换了孩子喜欢的儿歌做闹铃,让孩子循序渐进地适应早起的节奏。孩子的身体形成生物钟后,到时间就会自然而然醒来,我也就再不用担心孩子赖床了。

孩子醒来后,我也尽可能给她营造安全感,叫醒的方式也更让她舒服,我会对她从大腿根抚摸到脚丫,再从胳膊肘抚摸到手指尖,再帮女儿抻一抻。这种与孩子身体上的接触,可以让她减轻焦虑感,减少对起床的烦恼。

有时候闹铃响了洋洋还不起床,那就让她承担自然后果——迟到。我不会再带着情绪在她耳边一直唠叨。其实她心里也会产生紧张感,怕迟到了挨批评,所以不会一直赖在床上。

孩子是需要鼓励的,为了激励洋洋每天早上开开心心地按时起床,我还给她奖励了贴纸,让孩子每天都看到自己的进步。

小贴士

1.养成早睡早起的好习惯,前一天晚上整理好第二天要穿的衣服以及上学要带的图书文具。

2.叫醒的方式更加合理化、艺术化,避免负面情绪的传染。

3.帮助孩子培养独立自主的意识,建立自信心,勇敢地面对困难。

4.请孩子担任自己的"闹钟"。每天早上让孩子叫自己起床,这样既可以避免孩子因为被叫起床出现"起床气",也可以培养孩子的责任感。

② 手机不会凶我,我就喜欢玩手机

案 例

关键词:情感需求

我的儿子文文,今年 8 岁,小学二年级,叛逆得很,和我们的沟通越来越少了,往往是你问一句他答一下,别的什么也不说,回家后就把自己关在房间里,抱着手机不松手,晚上 10 点还不睡觉,有时候 11 点多甚至 12 点了,还在看手机。我下班一回家,他就来抢我的手机。我无数次责骂他,还动手打过他,但他怎么也不改,有时候还变本加厉,想办法偷我的手机玩。即便我的手机设置了锁屏,他都有办法解锁。我跟他爸爸都经常出差,平时爷爷奶奶更加管不住他,只要看见他贪玩,不写作业,

也只能吼吼叫叫。后来有一次,我又打他,他突然大喊:"你们都凶我,只有手机不凶我!"

专家锐评

　　文文的最后一句话,点明了他玩手机的原因:父母给不了他高质量的陪伴,即便是坐在他身边的时候,也多半是吼吼叫叫、指责痛骂,而这些是8岁孩子无法接受的。

　　而手机不一样,手机里有好看的视频,有青春靓丽的偶像,

有千奇百怪的游戏,这些能陪伴他度过无聊的时光,也能帮助他躲避因父母指责而带来的挫败感。

妈妈希望孩子不要打游戏,不要玩手机,讲了一遍两遍三遍,他照玩不误,意味着什么? 其实孩子渴望你走进他的世界,来了解他,给他爱,重新建立感情,重新互相认识,以更轻松愉快的方式交流,而不是一见面就大吼"你怎么又没做好""你怎么什么都不行"。当你用柔软的心、开放的心来面对他,他就学习到了,他会敞开心扉,讲给你听,而不是沉溺于手机构建的虚拟世界。

所以,当孩子再次吵着要玩手机时,妈妈最好的办法就是温柔的坚持。温柔的坚持是当他发脾气的时候,你要对他温柔以待,不去指责他,不去呵斥他,而是接纳他的这种"没玩够"的心态。当他哭的时候,你说"嗯,真的没玩够,刚才玩得蛮开心的";当他平静下来的时候,你说"我看你刚才玩得特别好,明天你接着玩"。你温柔接纳他的情绪。如果这时候你实在不知道该说什么好,那你至少保证别去指责他,你在旁边静静地陪伴他,等他情绪稳定下来。坚持几天,孩子便能够接纳和父母好好相处,也就忘掉手机了。

其实手机是个弱爆了的对手,真正厉害的对手是"孩子认为妈妈陪伴自己的方式就是大吼大叫, 而且不带自己玩比手机更好玩的东西"。妈妈可以从小培养子女的多元兴趣及爱好,鼓励他们多走出智能电子产品以外的世界。从小培养,就无惧将来沉迷。

妈咪魔法棒

了解到孩子不喜欢我们的吼叫之后,我开始反思自己,并且和他沟通。一开始他很抗拒,什么话也不说,还是千方百计找手机玩。后来我改变了方法,周末带他去爬山、摘草莓、去动物园,他玩开了,也就不再找手机玩。而且在大自然中表现得还挺活跃,看到花花草草还告诉我分别叫什么名字,让我特别惊讶。我表扬他懂得多,他很开心,说:"如果你天天这么表扬我就好了。"听他这么说,我很羞愧,意识到自己应该多给孩子一些赞赏教育。

平时放学后,他还是会想玩手机,我就买了一个时间为10分钟的沙漏,告诉他每天只能玩10分钟。孩子开始计时,把沙漏一翻,让孩子开始玩,孩子会对那个沙漏里的沙子流下的过程有个直观的感受,他一边玩着游戏,一边看着那个沙子在流,他心中会有一个关于时间的预期,也会慢慢地学会感受时光飞逝,珍惜时间。当沙子流到底,他就知道时间到了。

有时他也会耍赖,想多玩一会儿。我就说:"妈妈希望你做个诚实守信的孩子,说到做到,这样妈妈也不再凶你,你明天也能玩得更开心。"磨了几天,他慢慢能接受了。

现在,孩子依然会玩手机,不过不会沉迷于此。我对他的吼叫也少了,他更乐意跟我们去户外玩,也发现了自己对动植物的兴趣更强烈,还说以后要励志当个生物学家。

小 贴 士

1.妈妈以身作则,放下手机,多陪孩子探索比手机更好玩的东西,在此过程中不吼不叫。

2.帮助孩子制作一个科学的作息时间表,并引导其执行。

3.如果孩子严重沉迷于手机,可以让手机长期保持低电量,这样可以避免妈妈主动催促提醒所造成的孩子依赖心理。

③ 为什么不让我插嘴?

案 例

关键词:尊重需要

我儿子浩浩 7 岁,特别爱插嘴。上次我们和他爷爷奶奶吃饭,讨论"五一"假期去哪里旅游,他就不停地插话,一会儿说"我才不要跟奶奶去乡下",一会儿说"爷爷土包子,他又不懂迪士尼",一会儿说"我想坐飞机,上次康康哥哥都坐飞机了,我还没坐过",搞得一家人时不时都很尴尬。他爸爸一开始是瞪他,制止他这样插嘴,后来低声训斥,再后来就发脾气了。结果孩子脾气更大,当场摔了碗,还大声反问:"凭什么不让我插嘴?!"

专家锐评

7 岁前的孩子普遍以自我为中心，还没有站在别人的角度去思考问题的能力，做事情往往只遵循自己的主观意愿，因此会忽略他人的感受，并享受着被人时时关注的感觉。

因此，当孩子觉得自己被忽略的时候，他就会想方设法去引起大家的主意，插话就是一种方式。

尤其是当孩子的"社会我"逐步建立，他会更加渴望在社会

交往中展示自己的风采，他想像大人们一样妙语连珠，并得到
认可。

所以有些孩子会特别积极主动地加入成年人的对话，通过
插话这种方式来显示自己的存在。如果插话不被允许，孩子就
会觉得自己没有得到尊重：我的意见也是意见，你们为什么不
让我说？你们是不是不在乎我？

只是，这种随意插嘴的行为会被妈妈看作不礼貌，尤其当
孩子"童言无忌"，说出一些不合时宜的话时，家长更是觉得下
不来台。其实，孩子的成长过程中，总会出现一些我们眼中"没
礼貌""没教养"的"坏毛病"，我们不应该戴着成年人的有色眼
镜来贬低这些行为，而是要用爱和耐心，一步步帮助孩子辨别
是非，学习如何与自己、与人群、与社会的相处。孩子天生是一
张白纸，如果没有教导，他们根本不明白什么是文明礼貌，哪些
行为不礼貌。

因此，在家长没有告诉孩子当大人说话的时候，孩子插嘴
会打扰大人的交谈，这是一种不礼貌的行为之前，孩子是不会
自己萌生"不能插话"这个意识的。

由以上心理动因看来，孩子爱插话是他成长过程中的一种
自然现象，作为父母，其实没有必要指责孩子，只要我们及时纠
正、正确引导，就能帮助他逐步改掉插话这个不好的习惯。

从另一个角度看，如果你的孩子突然变得爱插话了，那其
实是好事啊！说明他的自我意识正在蓬勃发展，准备好了让大
家都看看自己有多棒！

尊重孩子的表达欲，是我们作为父母最重要的接纳。

妈咪魔法棒

原来孩子这么渴望得到尊重，大人在说话时，他也很想参与讨论，表达自己的观点。我后来就没有再命令他不许说话，只是告诉他："要等大家把话说完，你再发表意见，别人话还没说完，你就打断了，这样很不礼貌。"

后来我还跟浩浩约定好一个"说话按钮"，孩子可以用拍拍爸妈的手背或者别的一些动作，来表达自己想要说话的欲望。当大家一起聊天时，如果有叔叔阿姨，或者别的小朋友说到自己很感兴趣的话题，自己也想发言时，可以用这个动作向爸爸妈妈表示，自己很想说话。当孩子做了这个动作之后，爸爸妈妈可以等别人的发言结束时，把话题引到孩子身上，让他开始自由地表达自己的想法。就像上课要举手后才能发言一样。孩子很快就明白了这个道理。这样的设置不仅是对孩子的尊重，还能让孩子学会等待，并有时间组织自己的语言。

平时聚会时，我考虑到孩子爱说话，就会主动给孩子创造开口的机会，适时把话题转到浩浩身上，比如让他讲讲自己最近喜欢看什么故事书，身边有没有一些有趣的事情等。这样，孩子的表达欲得到了满足，自然不会随意插话。

当我不得已带着孩子参加一些需要严肃讨论的聚会时，就先跟孩子商量好："妈妈待会需要跟叔叔阿姨聊一些很重要的事情，必须是个安静的环境妈妈才能听得清，宝贝可以在旁边安心等待吗？"然后带上一些孩子喜欢的玩具，或者给孩子带上纸笔，为孩子准备好玩耍的项目。

小贴士

1.重视和尊重孩子的意见。无论孩子的意见是否有道理,家长都要予以重视和尊重,如果孩子的想法都是错误的,也不要嘲笑、训斥他,而是要明确地告诉他错在哪里。

2.教孩子一些说话的技巧。如告诉孩子,要想加入别人的谈话,首先要听清楚谈话的内容,然后尽量准确完整地说清自己的想法。插话时不能大声喧哗,咄咄逼人。

3.鼓励孩子表达自己的意见和愿望。不论是向孩子面授什么,还是大人之间商量什么事情,都应该让孩子有插嘴的机会,鼓励孩子大胆地说出自己的想法,他们将学会表达自己,说服对方,取得共识。

④ 我讨厌小弟弟

案例

关键词:爱和归属感

我是两个男孩的妈妈,原本生二孩的时候想着今后两个孩子可以互相照顾,不会像独生子女那么孤单,没想到,大宝奇奇对小宝乐乐一点都不关心,有时小宝哭了,我们问是怎么回事,他也一声不吭。小宝有时淘气,喜欢挠大宝,大宝就尖声怪叫,我说你是哥哥,要多让着弟弟。大宝不仅不听,还气呼呼地瞪着我。今天我下班回来,居然看见大宝伸手打睡在摇篮里

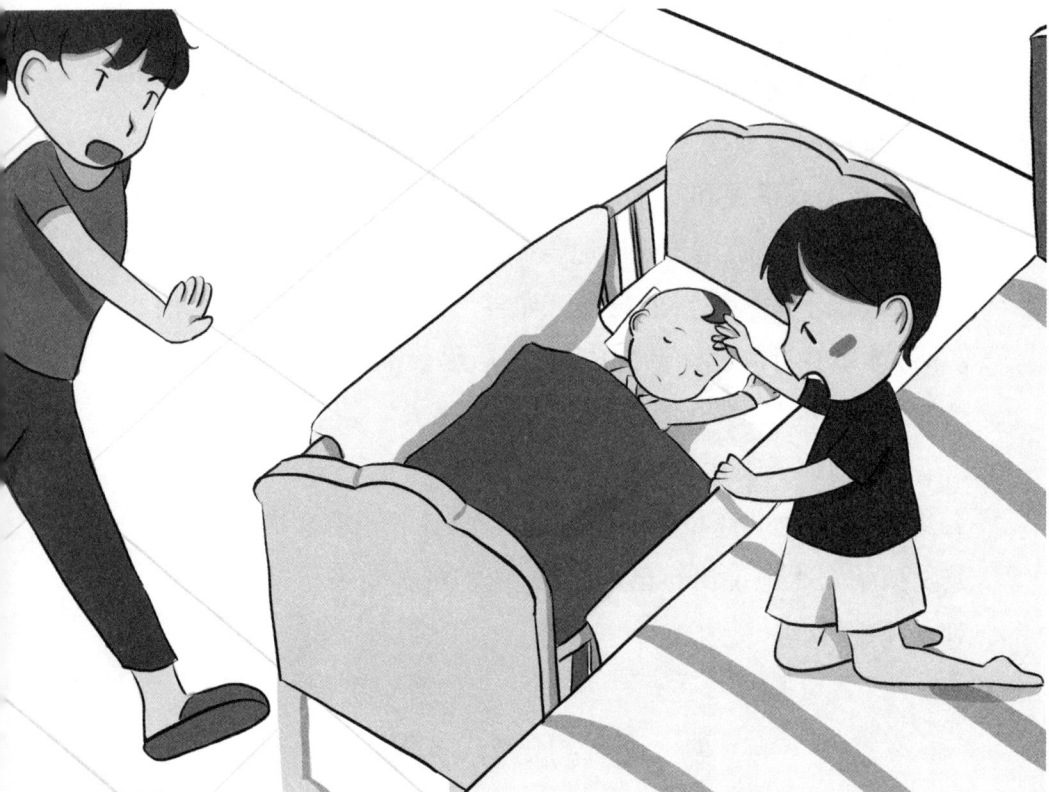

的弟弟,下手还挺重,弟弟哇哇大哭。我赶紧跑去阻止,猛地把大宝拽开。大宝一下没站稳,摔倒在地上,哇的一声哭出来,还说:你们只要他,不要我,我恨死他了。

专家锐评

从小到大,我们经常会听到父母用孔融让梨的故事来教育我们,可是我们有没有想过,我们是否被这个故事给误导了?

孔融让梨的前提是,梨先递到孔融的手里。如果一开始这个梨都没有递到孔融手里,直接说这个梨大,给兄弟姐妹,那孔

融也不一定开心。

所以,大的让小的,应该是孩子心甘情愿的主动选择,而不应该是大人的强制要求。

假如把父母的爱比喻为梨,那么只有让大宝充分感受到了父母的爱,他才有可能愿意和弟弟妹妹分享。

现在,大宝却认为,有了弟弟妹妹之后,自己本该得到的父爱母爱都被分走了,而父母还一味要求自己"让着",还要自己继续付出,心里当然不平衡。

事实上,很多家庭有了二孩之后,都觉得小宝年龄更小,更需要照顾,因此忽视了大宝的成长。可是,即便老大年长几岁,也毕竟还是小孩子啊。虽然老大比老二年龄大一些,但不代表着老大必须事事让着老二。这还是要具体问题具体分析。家长想培养老大这种做哥哥的样子,不是通过什么东西都让给老二来体现的,而是要让他凡事多考虑自己跟弟弟妹妹,不要光顾着自己,同时在一定范围内可以适当礼让弟弟妹妹,爱护他们,这就够了。

至于什么都要老大让着下面的弟弟妹妹,这对老大是不公平的,会让他觉得父母偏心。甚至因此而记恨弟弟妹妹,影响兄弟姐妹的感情。

在中国几千年的传统教育中,我们一直讲究兄友弟恭,爱护幼小,但是这种谦让,应该建立在父母一视同仁,孩子自愿的基础上,而不是被迫。

每个孩子都是天使,都值得得到最好的爱与公正对待。

妈咪魔法棒

作为妈妈,我努力做到公平对待大宝小宝。我给小宝换尿布、喂奶时,会把大宝叫过来,告诉他,妈妈和以前一样爱你,当你小的时候,妈妈也是像现在照顾小宝一样照顾你的。只是,因为弟弟比你小,所以妈妈爱你们的方式也就不同。大宝听了之后,当场扑到我怀里哭了,又问我:"是因为我表现不好,你们才生小弟弟吗?"我说不是,是因为爸爸妈妈总有一天会老,等爸爸妈妈老了,希望弟弟长大后能和你互相帮助。大宝点头,后来就再也没闹过。

小宝有时候对大宝拳打脚踢,我也会告诉他不可以这样对待哥哥。尽管小宝还小,听不懂话,但很明显大宝感觉到了我并没有一味偏袒弟弟,慢慢地也更加信任我。

有时即便我很忙,也会找机会放下手中的小宝,抱抱大宝。刚开始他觉得很别扭,后来慢慢习惯了,不再和小宝闹别扭,有时还主动跑腿递东西给我,帮我一起照顾小宝。

此外,我还和孩子他爸约定,两人分工合作,我主要照顾小宝,大宝就由他多费心。这样大宝慢慢意识到爸爸妈妈并没有完全偏心。

小 贴 士

1.在准备生二孩之前,先和老大充分沟通,让他意识到有弟弟妹妹是一件幸福的事,而不至于手足无措。

2.公平对待孩子,无论是老大还是老二。家庭就像个小社

会,让孩子们知道规则,父母不偏袒任何一人。

3.让老大懂得爱护老二,老二懂得尊敬老大,促进他们彼此之间的友爱和亲情。

4.一旦有矛盾冲突,让孩子们自行解决,父母尽可能少干涉,相信孩子能够妥善处理。

⑤　不得第一我就哭

案例

关键词:自我实现需求

6 岁的儿子强强很喜欢跑步,原本校运动会上,他自信满满能得冠军,结果还是被隔壁班一个小男孩反超了,只得了亚军。孩子一时受不了,大哭,领奖的时候都哭哭啼啼的,好像受

了天大的委屈。平时也是,只要没做到最好,就一个人生闷气,要求重来,如果没有机会重来,就摔东西,哭着要赖,嘴里喊着"我就要得第一"。我跟他说,人还有很长一段路要走,一两次没得到第一没关系。光用结果来衡量,太短视。但孩子依然哭闹不止。孩子这么争强好胜,以后怎么办呢?

专家锐评

孩子的认知心理遵循科学的轨迹,到什么年龄就会出现什么事儿。4-6岁的孩子,喜欢和别人比较、喜欢竞争、喜欢比别的孩子更强。因为这个年龄的孩子,认知方式变了。从4岁开始,第一次出现了"外在认知",意思就是:自己是个怎样的人,别人的看法很重要。别人要是夸我了, 我就是个很棒的孩子;别人要是批评我了,我就是个很"衰"的孩子;别的小朋友喜欢我了,我就是个受欢迎的孩子;老师对我很冷漠,我就是个令人讨厌的孩子。总之,孩子开始通过外界的反馈,来判断自己是个怎么样的人。也可以理解为, 他通过和小伙伴的排位,来定义自己。

除了天性使然,如果孩子过度表现出"我要争第一、输了就哭",也是有原因的。

一般来说,输不起的孩子都是夸出来的。妈妈夸:你真漂亮! 爸爸夸:你真棒! 奶奶夸:你真聪明! 姥姥夸:你太可爱了……频繁而笼统的夸奖,而孩子本人并不理解自己为何会得到这样的夸奖。但孩子通过周围人的反馈来定义自己,他会觉得自己是最棒的,第一位的。家长出于好意的"夸",影响了孩

子对自身的判断。

　　所以，我们不是不能夸孩子，而是要夸得要少而精，着重夸赞孩子的努力和具体行为，而不是天赋。

　　在夸奖孩子的时候，我们经常会会进行比较，"你比弟弟完成得快，真棒！"这听起来是个容易激励孩子的夸奖方式，但这样的夸奖让孩子的关注点变成了"超过别人、赢过别人"，而不是掌握这件事或这项技能本身。

　　于是，孩子所有的动机都出于争输赢，如此就会出现怕输、怕失败、好胜心过强的问题。"乱夸"可能养成一个怕输、容易骄傲的孩子。

　　一旦孩子遇到不擅长的事，就会输不起，而家长的代劳又会导致恶性循环。孩子拼图拼不好，不开心了，家长立马上手，三下五除二帮忙拼好；孩子画画涂得不漂亮，不高兴了，家长赶紧帮忙画得好好的……家长们出于"爱"，完全包办代替，努力给孩子提供一个"真空罩子"的温室环境，甚至连孩子的负面情绪也想一并替代。

　　在家长的帮助下，一切事情都完成得那么轻而易举，孩子没有亲自实践经历挫折的机会，遇到"输"这个大老虎的时候，自然就憷了。

妈咪魔法棒

　　对强强这种争强好胜的心态，我慢慢改变了自己的教育方法。首先不再对他要求太高，也不拿他跟别的孩子比。有时我

会跟他一起跑步,有意识地让他输,然后以轻松的谈话教导他输赢并不重要,过程和实实在在的收获才是最重要的。后来他学习下棋,我也给他一些奖励,告诉他"你进步了",让他意识到最重要的是进步,而不是输赢。后来孩子慢慢也学会了以平常心看待输赢,他还跟我说:"我不跟别人比了,我只跟我自己比。"他能这样想,我感觉非常开心。

小贴士

1.接纳孩子的情绪,允许她通过哭来察觉和表达自己的情绪。

2.告诉孩子,输和赢都是很正常的,是同样概率会发生的事情,哪种结果妈妈都可以陪着你,跟你一起面对。

3.抱抱宝宝,一个拥抱胜过千言万语。妈妈的怀抱是孩子温暖的港湾,是孩子疗愈的栖息地。肢体语言所表达出来的爱和理解,更容易传递给孩子。

4.平时尽可能少引导孩子去跟别人攀比,让孩子多关心学习技能本身,而不是跟人比较。

总之,输不起的孩子更要用"爱"滋养。

小结

马斯洛理论把需要分成生理需要、安全需要、归属感需要、尊重和自我实现五类,孩子发脾气,看似是无理取闹,其实多半是因为某些方面的需要没有得到满足。先了解孩子为什么发

脾气,再对症下药,就容易得多。"治脾气"只是表象,根本上还是要让孩子获得满足感,不至于产生匮乏感。

　　有时候孩子犯错了, 我们心平气和的时候不难做到循循善诱,可是又忙又累的时候,却往往会简单粗暴。事后会后悔,但在当时, 往往没耐心。也许当我们停下手中忙碌的事情时,才会发现,孩子发脾气是有原因的,而他们的懂事程度也远甚于我们的想象。

第三章

面对发脾气的孩子，我该怎么做？

① 孩子可以不开心，但我一定要关心

案例

关键词：及时反馈

宝宝从幼儿园放学回来，一路上一改往日说个不停的习惯，闷闷不乐的，想要问宝宝发生了什么，结果宝宝只顾着生闷气，就是不说话。其实宝宝平时是比较开朗外向的，但是最近总是喜欢生闷气，拒绝与我沟通。这种情绪一直持续到了入睡前，我给她讲故事，然后问她是否有什么话想对我说，宝宝终于说出了生闷气的原因，原来我答应放学的时候带着冰激凌来接她，而我实际上却没带。她还埋怨我最近老是这样，只会欺骗她。说着说着，眼泪就掉下来了。我一时不知所措，只好抱着她，安抚她，她这才破涕为笑。

专家锐评

当家长发现孩子有爱生闷气的习惯时,很多时候会表现出束手无策,只能任凭孩子继续依靠这种方式来表达情绪。当孩子拒绝沟通时,也找不到有效的办法去解决。

其实,孩子生闷气,大多有以下原因:

1.不明白如何表达自己

孩子的表达能力还没有完全培养好,对于一些情绪的表达还不完全,即使是想要进行表达,也不知道该怎么做。

2.害怕听到指责

孩子向父母的倾诉中受到了批评后,当孩子再一次遇到这种状况时,很有可能会选择自己默默承受,而不愿意去找父母诉说,寻求帮助。

3.希望引起父母重视

当孩子生闷气时,很多父母会表现出比平常更多的关注,所以孩子会觉得自己生闷气的行为是可以引起父母的关注的,是会让父母更加关心自己的。

4.性格过于内向

部分孩子的性格是偏于内向的,不善于与他人交流和沟通,比起向他人求助来,自己独处似乎更加简单些。即使是内心承受着很大的痛苦,也更倾向于沉默的表达。

虽然孩子生闷气是比较常见的现象,但是父母还是要进行干预。当孩子的表现不受家长的重视时,会表现得很没有安全感,认为父母对于自己是不重视的,会有不被爱、不被关注的感

受,久而久之会导致亲子关系受到影响,因此,家长在发现孩子闷闷不乐时,要注意观察,及时帮助化解。当孩子生闷气而得不到家长的重视时,这是对孩子非常大的伤害。

在与孩子的相处中,家长的情绪不要被孩子的不良情绪所影响。同时也不要因为孩子生闷气不搭理自己,就放弃与孩子的沟通。聪明的父母是知道如何引导孩子表达情绪的,而不是眼不见心不烦的教育方式。

妈咪魔法棒

当孩子生闷气时,我不再过多追究生闷气的形式,而是重点思考背后的原因,并努力纠正这种情绪表达的方式。

我开始反思自己是不是对孩子有所忽视。好像之前确实有过孩子想对我说话时,我因为忙别的事情而没有认真听她说话的事,这对她后来的性格可能造成了不小的影响。而我因为平时工作忙,闲暇时候又特别骄纵她,以至于孩子认为自己的行为是不被约束的,所以有些有恃无恐。有时,简单问过她之后,她还是不回答,我就带她出去逛逛,或者陪她读绘本,慢慢引导她说话,告诉她有不良情绪时要说出来,而不是积压在心里。比如她觉得我陪她的时间太少了,我就会及时调整工作和做家务的时间,多带她出去玩。还有她认为她说的话我没记住,我就会专门拿个记事本记录下来,还在手机上设置闹铃提醒。她看到我在乎她,就特别开心。时间长了,她就更加信任我,愿意主动说自己不开心的原因。这时我就会鼓励她:你表达得很好。

当家长发现孩子爱生闷气的时候，除了给予适当的重视外，也要注意些细节部分的内容，这样才更能达到理想的效果。

小贴士

1.不要勉强孩子。当孩子不想说话，不愿意配合时，妈妈不必勉强孩子。等到孩子情绪有所松动的时候再处理。

2.尊重孩子，不随意斥责。很多家长在与孩子沟通无效时，便会很急躁，对于孩子的行为提出斥责。这其实也是对孩子的不尊重，希望通过家长的权威得到孩子的顺从。

3.为孩子营造可以表达自己的环境。在家庭环境中，让孩子有发言权，有表达自己想法的机会。

② 我先坐会儿"冷静椅"

案 例

关键词：冷静

晚上休息的时间到了，可是娜娜仍然在电视机前看动画片。妈妈已经说了好几句，该洗澡休息了，可是娜娜仍然沉迷于动画片之中。妈妈急速走到电视机前，生气地把电视机关上。并且再次叮嘱娜娜去洗澡。可是娜娜不但不听妈妈的叮嘱，反而大哭起来，坐在地上撒泼打滚，并且把自己手里的零食直接洒在地上。看到这个场景的妈妈非常生气，因为她和娜

娜说过不要把东西扔在地上。看着哭闹不止的女儿,妈妈一气之下跑到另一间房里,锁上门,坐在椅子上……

专家锐评

　　经常有家长说自己就是脾气暴躁,容易发火,这样说的人其实有个认识上的误区,他认为暴脾气是性格的一种,是与生俱来不可改变的,其实不然,暴脾气不是性格,而是人的情绪表达方式,情绪是可以通过理智来控制的,尤其是产生了情绪之后的处理方式。

　　同样是一个脾气火爆的人,想要发火的时候,如果面前站

着的不是孩子而是老板,这个人可能会思考再三,选择将脾气压回去。

控制怒火,是很困难的一件事情。与其控制,不如疏泄。怒火喷涌之前,妈妈可以尝试积极暂停,也就是采用恰当的方法去处理自己的怒火,不伤害自己和孩子。比如,看到孩子磨蹭了一个小时才写了两行作业、还写得歪歪扭扭、错误多多,你不禁怒火中烧,马上想狠狠地训斥责骂他一通。这时,你就可以先忍耐住,到其他的房间用力地呼几口气、自言自语地出声"骂"几句这个臭小子、愤愤然地捶捶被子,或者洗把脸、喝点水、开门在楼道站两分钟,等等。你可以选择任意的、能够帮助你缓解情绪的方法,但是不冲着孩子发火,不压抑自己。等情绪慢慢平复以后,再去处理孩子的问题。这样,我们既管理好了自己的情绪,也能带着理智去引导和教育孩子。

看过《爱情公寓》的妈妈可能都知道,关谷神奇和唐悠悠这对小情侣,每次吵架时都会以"存档"来解决眼下的矛盾冲突,他们的"存档"只是暂时控制情绪的方法,而当矛盾体再次出现后,仍然会继续争吵,但是不可否认"存档"有个优点,那就是冲突双方可以很快让自己冷静下来,平复情绪去做其他的事情。这个方法,妈妈和孩子相处时也不妨借鉴。我们可以停止发脾气的惯性行为来反向培养"耐性"模式。当我们想发火时,尝试用各种方法让自己停止以前的习惯性吼叫,每一次都做到比之前稍微耐心一点点,这次比上次温和一些,下次比这次冷静一点……这就是在逐渐修炼一种新的惯性。新的惯性日渐强大,当我们再面对孩子的头疼行为时,就能运用新的习惯了。

妈咪魔法棒

　　妈妈看见娜娜这么不听话,强忍住不再发火,而是让自己先到另一房间里。这个房间里,有妈妈给自己设定的专属"冷静椅"。

　　妈妈对娜娜说:"我现在很生气,所以我现在要去冷静椅上让自己平静一下,等我心情好了就会回来。"

　　当妈妈到冷静椅上坐了一会儿之后,心情慢慢恢复了,而此刻娜娜也不在地上撒泼打滚。娜娜跑到妈妈跟前,妈妈平和地希望娜娜坐下来聊聊天。

　　娜娜坐在妈妈的怀里,妈妈说:"妈妈知道你喜欢看这个动画片,但是这个动画片每天都会重播。今天已经很晚了,而且你答应过妈妈九点半要睡觉的。对不对?妈妈很明白你的心情。我们明天再来看好不好?"娜娜想了一下,答应了妈妈。

　　慢慢地,娜娜发现妈妈只要坐上了冷静椅,就能好好说话,她也有样学样,在自己的小房间里布置了一个小椅子,每次她不开心的时候,也在冷静椅上坐一会儿,玩玩具,或者发呆。等不那么生气了,再和妈妈说话。这样,母女俩一人一把冷静椅,"战争"少了不少,关系越来越亲近了。

小 贴 士

　　1.建立一个专属自己的"冷静椅",每当对孩子控制不住脾气时,就坐上冷静椅,深呼吸,或者看看书,喝喝茶,等情绪稳定

了再和孩子沟通。

2.让孩子明白妈妈坐"冷静椅"是用来安抚情绪的,而不是不理睬孩子,更不是对孩子的惩罚,等妈妈休息一下,然后就不吼不叫地和你好好说话。

3.尝试和孩子一起倒数 10 秒,暂停哭闹,让孩子也学会在情绪爆发时适当转移注意力。

③ 学会说"不"有技巧

案 例

关键词:拒绝的艺术

生活中,我常常要对孩子说"不":"快吃饭了,不要再吃零食了!"饭桌上,"不许只挑自己喜欢的食物吃!"看完规定时间的动画片还要看,"不行!"非要碰饮水机开关,"水很烫,不能碰!"诸如此类的现象数不胜数。

但是我发现,每次一旦跟孩子说了"不",他就开始哭闹耍赖,或是根本听不进去,这种情况一而再再而三地重演,让人心累。而且我发现,我对孩子说"不"之后,孩子对我说"不"的频率更高。我制止他,他也会反过来抵抗我,而且反应还特别激烈。我要怎样笑着和孩子说"不",并且让孩子能笑着接受呢?

专家锐评

在孩子早期表现出任性的年龄,对孩子不合理的要求、不正确的行为说"不",是一项十分重要的训练,可以帮助孩子克制任性、体验挫折感、养成好习惯。不过,说"不"是有技巧的,尤其是妈妈对孩子说"不"更要有艺术性,否则就像案例中这位妈妈所提到的,不仅起不到约束孩子的作用,反而让孩子更加叛逆。

首先,能对孩子少说"不"就尽量少说。

比如,当孩子想吃糖时,妈妈不再用"不,现在不能吃"来回

答,而是说:"好的,你吃完晚饭之后再吃。"虽然这样实际上也是在说"不",但是孩子的反应也许会不像以前那样消极了;并且,妈妈遵守她的诺言,让孩子在晚饭后立刻就吃到了糖。孩子就得到了满足,也会更加懂事一些。

随着爸爸妈妈把自己说的"不"变成"是",孩子也会开始多说"是"。妈妈也可借机与孩子互动,笑着去拥抱孩子,并表扬他:"我问你是否愿意自己刷牙时,你说愿意,我很高兴。"这样一来,孩子说"不"的次数就会慢慢减少。

妈妈还可以尝试用"请这么做"代替说"不",有些妈妈经常通过对孩子说"不"来制止他的某些行为。比起说"不",父母更需要教给孩子正确的行为。假设你想对孩子说"不要在公共场所乱跑",不妨改为拉着孩子的手说:"请到我这边来。"这样一来,孩子就知道了正确的做法,行动起来也更加明确,而不是一味地感觉自己的活动又受限制了。

采用这种交流方式,除了可以纠正孩子总是说"不"的习惯,也会很快让家里的气氛也变得温馨起来。

一定不要忘记的是,总是说"不",是孩子正在经历属于他的心理成长阶段,并且很快就会过去,是很正常的。如果你在孩子说"不"时发脾气,只会让他觉得,通过这种方式可以得到关注;而受到关注和证明自己的力量,这才正是孩子想要的。

当然,不是所有的"不"字都要得到"封杀"。我们要允许孩子说"不"。

有些事情,尽管孩子必须做,但是他还是有说"不"的权利。如果他不想做,你要跟孩子解释一下情况。比如,你可以说:

"我知道你不想收拾玩具,但只要你收拾好了,你就可以去玩别的了。"这样说能让孩子明白,你已经听到了他说的话,并且考虑到了他的感受。

妈咪魔法棒

我意识到了对孩子说"不",最根本的目的有两点:一是停止某种错误的行为,二是教给孩子正确的做法。我在说"不"之前会想一想,是否真的有必要。如果没必要,就尽量不拒绝孩子;如果有必要,就换一种方式表达。比如,当我想问"是否还想再喝点牛奶"时,我就会改为"你还想再喝多少牛奶",这样孩子就会给我更准确的回答,而不是摇头拒绝。再比如,如果你想让孩子上车,也不再问:"你想上车吗?"而是提建议说:"我们现在上车吧。"然后孩子就会行动。这样一来,我和孩子都能更加明确自己和对方需要做什么。

小 贴 士

1.说不的频率别太高。总是禁止、否定孩子的行为,很容易打击孩子探索的积极性和自信心,孩子会变得缩手缩脚,遇事容易退缩,或者走入另一个极端,对父母感到厌烦,事事和父母对着来。

2.先共情,再说不。当家长首先表现出对孩子行为或想法的理解和接纳,再去提出建议时,孩子会更乐于接受。

3.让孩子看到你坚持的原则而不是情绪上的愤怒。明智的

家长,在对孩子说"不"时,会保持情绪的稳定,重在对孩子表达清楚"不能这样做"的原因,这从根本上达到了教育目的。

④ 你慢慢说,我慢慢听

案 例

关键词:耐心倾听

　　儿子在学校因为一些事情跟同学有了些言语的冲突,孩子很气愤,回家跟我指责同学。第一天我还能耐心听孩子说完。第二天孩子们的矛盾还在继续,回家再说,我就有些不耐烦了。孩子见状就不说话了。到了第三天,我发现孩子一个人

偷偷掉眼泪，去问，孩子还摇头说没事。

　　我意识到了问题的严重性，上去抱着孩子说"你这样妈妈很担心"，孩子哇的一声哭了，随后告诉我，同学的妈妈打电话给老师，说他欺负同学，让老师批评自己，幸亏老师听自己解释了，不然他会很委屈的。

　　我说我可以去跟老师或者对方家长谈谈，不会让你无辜受屈。孩子笑了，说："妈妈，其实我难过是因为你不愿听我发牢骚，人家的妈妈都可以替孩子出头，我妈连听我说话都不耐烦！我在学校不开心，回家就是发发牢骚而已，说完我就能冷静下来了。可是如果你嫌弃我，觉得我不懂事，跟别人斤斤计较，那我真的很委屈的，我也只是说说而已！"

专家锐评

　　很多时候，孩子的叛逆源于父母的武断，源于孩子渐渐长大、有了自己的想法，却没有机会被家长耐心倾听，却被当成管教对象一样，只去要求，没有被尊重。

　　作为妈妈，必要的技能就是耐心听孩子说说话，带着尊重的态度和孩子交流，不居高临下强硬说教，不以自己的付出索要回报，不把教育的目的捆绑在成绩、名次、名校上。

　　其实，孩子在学习、成长的过程中难免有困惑或者不满，如果不能充分地表达出来，就会使得孩子出现情绪问题，从而影响到孩子的学习和生活。作为家长，要尽量挤出时间与孩子谈心，并且在谈的过程中，要耐心地引导孩子尽情地说，说出自己生活、学习中的困惑，说出自己对家长、学校、老师、同学的不

满。

孩子说过之后，除了会有一种发泄式的满足，也会对自己的情绪和发生的事情有个梳理，他们会感到轻松、舒畅，同时也会更加理智地去应对事情。还有更加重要的一点，就是家长在认真听孩子倾诉的时候，孩子会感受到来自家长的包容和支持，如此，他们在学习中就会更加努力，生活中就会更加自信。

多跟孩子聊聊学习以外的事情，"今天学校有没有发生有意思的事情？""周末要不要叫上好朋友一起出去玩啊？"吃饭的时候或者放学回家的途中，多跟孩子交流一些生活中的事，让孩子成为一个不仅会学习，更会生活的人。

父母一定要认真听孩子说话，因为我们的作用不仅是抚养孩子长大，帮助他"学业有成"，更重要的是让孩子明白人生的意义，给孩子面对逆境、面对困难的勇气和底气。

妈咪魔法棒

我买了很多关于亲子关系的书来看，听了很多老师的课，学着认真听儿子说话，让他毫无顾忌地阐述自己的观点。一开始，我让自己忍着憋着，不急于打断，不慌着评论，不忙着去从儿子的话中找问题，不想着该怎么去解决儿子话中透露出来的问题。很多时候，听着儿子的话，我心里焦虑担心受惊吓等等各种情绪纷乱杂至，有时候脑子里算着儿子说了多长时间了，啰里啰唆的。可是，我对自己说：听着，忍住，听人把话说完

是对人的基本尊重,父母为什么不尊重孩子呢?

慢慢地,我发现,当我愿意好好听儿子说话了,儿子也开始愿意和我多说几句,也愿意听我说了。

我也越来越发现,以前一点也不了解儿子,自己总说和儿子最亲,对儿子最好,可儿子是什么样,有哪些喜好和想法,对一些事物的看法和观点,甚至儿子有哪些特长和优势……我竟然都不知道。

当我越来越愿意好好听儿子说话时,我发觉和儿子的关系一点点变好。我和儿子都越来越开心。

小贴士

1.鼓励孩子多表达。从孩子的话中提炼信息,找到重点,不忽视孩子的话外音,这样才能真正地了解孩子,让孩子更健康快乐地成长。

2.经常跟孩子沟通,形成固定的"对话时间"。父母说说自己工作或者生活中的见闻,孩子说说这周学校发生了什么好玩的事情,通过沟通与分享,增进彼此的了解,找到亲子对话的正确形式。

3.用倾听代替唠叨。和孩子共同探讨问题,而非一味说教。

⑤ 你扮妈妈我扮娃

案例

关键词:角色互换

前两天和小晞玩了个游戏,她当妈妈,我当孩子。我模仿小晞平常的样子,半撒娇状大声叫:"妈妈,你给我扎辫子。"她可能是发现这就是平常的她,咯咯咯地笑,甚至笑得倒在地上。我继续喊,她从地上爬起来,找来梳子给我梳头。我埋怨地喊道:"好疼呀,我不要你这么用力。"小晞就拿着梳子慢慢梳。我又喊:"快一点,我要迟到了。"她又拿起皮筋帮我扎头发。我喊道:"这个皮筋真丑,我要换一个!"于是她又换了一个米奇的头绳。我喊道:"我昨天就是用这个,今天要换个新的。"小晞显然失去了耐心,说太累了,不要当妈妈了,要当回孩子。

专家锐评

很多家长感叹:"家里孩子真是不懂事,每天辛辛苦苦全是为了他,他却一点儿不理解。"而孩子也在抱怨父母:"他们总说为我好,却总是管着我,一点也不自由。"

父母习惯先入为主,不管孩子是对是错,直接给孩子做决定下命令,却忽视了站在孩子的角度想问题。孩子认为父母太古板,不尊重自己,也就无法体会父母的良苦用心。

很多时候,父母和孩子之间的矛盾可能是来源于双方没有站在对方的角度考虑问题,如果有了角色互换的想法和行为,矛盾自然会化解。不妨试一试和孩子角色互换,父母们当一天孩子,让孩子当一天父母,让彼此更加有效地理解对方的想法和感受。这个过程中,还能培养孩子的同理心,只有他当过这个角色,他才能有感受。在教育孩子时,父母不妨偶尔将家长的权利交给孩子,让孩子站在父母的角色上思考问题,体会做父母的感受,这样的沟通效果会更好。比如孩子不认真学习,花很长时间打游戏,父母就可以与孩子商量进行角色互换,和孩子倾诉平日里工作的艰辛,让孩子知道自己即使再累也会坚持工作,使孩子体会到父母的感受,这样做既能帮助孩子认知到自己的缺点,也能使孩子更愿意接受父母的教育。父母也可以通过模仿孩子和观察孩子,看到自己日常的表现。

在亲子角色互换的过程中,如果父母能够静下心来倾听孩子说些什么,然后站在孩子的角度替孩子想一想,就会发现孩子并不像大人想的那样不懂事,那如何才能产生更好的沟

通效果呢？

角色互换的过程也是孩子发挥想象力的时候，一般没有剧本，全靠他们自己来想象。

妈咪魔法棒

我和小晞角色互换时，我模仿她，提出了各种刁钻古怪的要求，而她也学着我平时的样子大吼大叫："不许乱动，不许要赖，你再这样妈妈不喜欢你了。"

说实话，尤其听到"你再这样妈妈不喜欢你了"的时候，我心里是难以接受的，孩子真的不喜欢我了吗？而这句话恰恰是我平时最爱对孩子说的。换成自己当孩子，会受不了这样的妈妈，而孩子，却已经这样忍受了好几年。

于是之前百思不得其解的好多现象，都找到了答案：为什么孩子对很多事都不感兴趣？为什么孩子做事会胆小？为什么孩子玩玩具、玩游戏都不太喜欢创新？为什么孩子特别依赖妈妈，什么事都想要妈妈帮忙做？为什么孩子做什么，都要先看一眼妈妈？

想到这儿，我无比懊恼："估计都是被我指导怕了，我竟然不知道，这是多么痛的领悟呀！"对孩子来说，你做什么，爸爸妈妈都不相信你自己能做好，你做什么，大人都会在一边不停说这说那、指指点点，肯定不是什么让人开心的事儿。

正在我想这些的时候，小晞突然抱住我，小声说："妈妈，我知道错了。"我也抱住了她。看来，一场角色扮演，让我们母女都认识到了自己的错误。

小 贴 士

1.角色互换是暂时的游戏,同理心是长久的能力。

2.把孩子当成一面镜子,看一看在孩子眼中,你是什么样的爸爸妈妈,也让孩子看到自己是什么样的孩子。

小 结

中医治病的方法是望闻问切,就是通过观察、倾听、询问、把脉的方法找出病因,对症下药。其实,这套方法同样适用于帮助孩子调整情绪,改善亲子关系。除了望闻问切,我们还可以尝试更加新颖活泼的方式,比如角色互换等,与孩子换位思考,将心比心,让情绪冷静下来。行而不得,反求诸己。在沟通和反思中不断让自己进步。

第四章

做孩子的守护神，你准备好了吗？

① 多想想"我小时候也这样吗"

案例

关键词:换位思考

我女儿安安脾气特别暴躁,在幼儿园经常和小朋友闹别扭,有时候还打架。一次我在外地开会,老师打电话来,说女儿把班上同学的头砸破了,对方家长闹到幼儿园来了。我当时气得头都痛了,会都没开完,就跟领导请假跑回来处理她的事。见她一副天不怕地不怕的样子,就气不打一处来,一把揪过她,朝她屁股上拍了几巴掌。她气鼓鼓地瞪着我。我问她:"知不知道错了?"她尖叫道:"你的女儿怎么可能知道错? 你别以为打

我两下就能吓到我！"我原本要冒火，听到她说"你的女儿"，忽然心里一动，看她这倔强的暴脾气，不就是我小时候吗？哎，亲生的……

专家锐评

显然，安安是个可爱的女儿，妈妈也是可爱的妈妈。

孩子打架，或许事出有因，这个另当别论。只是妈妈看见孩子惹自己生气了，拉过孩子就打，说明妈妈也有暴躁的一面，后来妈妈说孩子是"亲生的"，显然这种精神基因和情绪传染是在孩子身上有所体现的。既然认识到了孩子像自己，不妨和孩子多说说自己童年的糗事、趣事、坏事，让孩子对妈妈有更加具体的认识，也可以进一步拉近母女之间的距离。

所有的童年没什么不同，每一代的轨迹其实都有相似之处，只是站在岁月的两端，我们觉得不一样了，那是因为我们观察的角度变了。当我们是孩子时，不理解爸爸妈妈，而当我们是爸爸妈妈时，不理解孩子，其实，爸爸妈妈的童年，和孩子没什么不一样。

当妈妈由女孩变成女人，又有了女儿，不妨坦诚地告诉孩子：其实你并不孤独，爸爸妈妈当年也曾是熊孩子。你的困惑、你的纠结，父母都曾有过，只要正确积极面对，一切都会好起来的。

妈咪魔法棒

我跟安安说起了我小时候和男孩子打架的事情。"那时候

班上有个男孩,特别调皮,经常抓毛毛虫扔到女孩子身上,总是把女孩子吓得哇哇直哭。有一次上体育课,那个男孩把毛毛虫扔到了我好朋友的帽子里,我好朋友吓得躲回了教室,体育活动都不敢参加了。那个男孩得意极了, 说女孩子都是胆小鬼。我气得不行,一方面是因为他欺负了我的朋友,另一方面是因为他看不起女孩子。我的奶奶也重男轻女,我最受不了这种认为女孩子不如男孩子的想法,于是我抓起那个男孩的领口,直接揍了一拳。我心想,你不是欺负女孩子嘛,我就让你知道,女孩子不是好惹的。尽管那次我被老师批评了,但我还是觉得自己是英雄。"

我这番话说出来, 女儿一边嘻嘻笑, 一边崇拜地看着我。我又问她:"你今天打架,肯定也是有原因的吧？"

女儿告诉我:"晨晨的爸爸妈妈离婚了,昊昊就说晨晨是没有爸爸的野孩子,我不要他那样说晨晨……"

我明白了, 女儿其实很有同情心和正义感。我想了想,告诉她:"以后遇到这种事,可以及时告诉老师,让老师批评昊昊。你自己不要随便打人。"女儿听完,认真点了点头。

小贴士

1.孩子发脾气时,多回忆自己小时候是否遇到过类似的事情,当时的心情如何,尽可能设身处地为孩子着想。

2.跟孩子交换"小秘密",讲自己的童年趣事和糗事,让他知道爸爸妈妈也是这样长大成人的。

3.及时引导孩子往正确的方向发展,明辨是非。

② 妈妈说话会算数

案例

关键词：言而有信

周末，我和爱人带着宝贝去动物园玩，中午找了一家餐馆吃饭。餐馆旁边是金鱼的聚集地，有大的金鱼需要用奶瓶喂，也有小的金鱼需要用漏网捞到桶里，可以自己带两条走，也可以捞了又倒回去水池里。宝贝一直站在那里观看，问："爸爸妈妈，我可以捞鱼吗？那些鱼好可爱啊！"当时餐馆里顾客很多，为了能顺利坐上饭桌，我和他爸爸随口说了一句："我们吃完午饭再来。"我心里就没有在意这句随口的承诺。

孩子很快吃完饭,吃完以后又快速跑到金鱼那里。我和他爸爸说:"家里鱼那么多,回家捞去。"然后就拉着孩子的手去大象馆看大象,孩子不乐意了,开始哭闹,哭的声音很大。我用尽浑身解数,想把孩子哄开心。谁料孩子第一句话就说:"爸爸妈妈你们说话不算话!"我激灵一下,想起随口的承诺,知道孩子心里受委屈了。

专家锐评

每个孩子的心里都有两个英雄,那就是自己的父母。在他们的心里, 父母有着无比伟岸高大的形象。他们敬重父母,爱父母, 同时也渴望得到父母的尊重。而尊重的一个重要基础,就是要言而有信。

《曾子杀猪》的故事,很多父母都听说过。我们总觉得小孩小,好哄骗,却不知道我们的哄和骗往往会伤害我们的孩子,会失去孩子对我们最基本的信任和尊重, 而我们的孩子长大了也许就会是一个不讲信用的人, 也会成为一个不被别人尊重的人。

如果我们想自己的孩子是一位出色的人, 那么就先教他做一个信守承诺的人。

家长是孩子的第一任老师, 也是每天和孩子相处时间最长的人, 孩子很喜欢模仿大人的言行, 家长在教育孩子的时候,要做到以身作则。家长教育孩子言而有信,就要遵守对孩子的承诺,家长承诺孩子考试考满分就带孩子去游乐园,就一定要说到做到。如果家长违背了承诺,不仅在孩子心目中的地

位降低，还会在孩子面前失去威信。

很多妈妈对许下承诺并不在意，认为这是一件很平常的事情，即使没有兑现诺言也不是一件很重要的事情。其实不然。孩子会知道没有兑现诺言有多么可恶。如果妈妈明知是自己做不到的事，就最好不要轻易地许下承诺。

家长在确定无法兑现承诺时，一定要和孩子讲清楚原因，并真诚地向孩子道歉。让孩子知道，家长真的是有非常重要的原因，才会无法兑现承诺，并告诉孩子会在什么时间通过什么方式弥补孩子。

妈咪魔法棒

我认真跟宝贝道歉了，然后改变计划，让宝贝先去捞了金鱼，再带孩子去大象馆玩。此后我一直记得，答应孩子的事情要做到。孩子也深受我的影响，能做到言而有信。

周六那天，我带着他去了一直期待的游乐场，晚上他答应我，明天早上起来就写作业，不看电视。为了表明这个承诺很重要，我还和宝贝拉了钩，"拉钩上吊，一百年不许变。"孩子乐呵呵接受了，我也决定第二天早上拭目以待。

可是到了第二天的早上，他依旧打开电视，我阻止他，他就哭着闹着，吵得不行。

我问他："妈妈答应你的事情都已经做到了，那么你答应妈妈的事情，是不是也要做到呢？"孩子沉默了一会，但是已经不再吵着要看电视了，当他情绪稳定之后，就自己去写作业了。

就这样,我和孩子互相达成默契,说话算数。孩子对他人许下的承诺,就要孩子自己来完成,如果孩子没有兑现诺言,该需要承担的后果也要孩子自己承受,家长不要过多参与。孩子只有自己意识到不遵守承诺的后果,才会深刻记住言而有信的重要意义。

小贴士

1.以身作则,兑现承诺。孩子的内心是非常单纯的,如果家长许下承诺,又不兑现,孩子是非常伤心难过的。

2.万一没有兑现承诺,要真诚地解释道歉,并且采取弥补措施。

3.可以和孩子签订承诺书,这样更加郑重,有仪式感,同时可以让孩子从小培养法律意识和责任意识。

③ 为什么生气,我陪你一起写下来

案例

关键词:理性分析

我儿子乐乐8岁,老师要求写日记,他磨磨蹭蹭就是不肯写,一会儿玩铅笔,一会儿说橡皮找不到了,一会儿听见邻居家的小狗在叫,又要跑出去看。我原本希望早点辅导他写完作业,自己才有时间加班。结果他一直磨蹭,就是不动笔。我气急

了,把作业本扔到他头上,大声命令他二十分钟内必须写完。结果他气呼呼地拿起笔,又磨了半天,终于写完了。我拿起一看,他写的是:"妈妈今天对我好凶,我讨厌妈妈。"

专家锐评

很多人常有这样的状况:想要脱离某种状态,但就是做不到。事实上,很多时候并不是做不到,而是不敢面对自己的情绪。如果妈妈正在闹情绪,想要跳脱却又不能走出,那么,请试着用这个方法:拿一张纸和一支笔,回忆自己这一天的情绪,把它写下来。

写情绪日记,也称为"手写疗愈法",可以帮助我们省察、思考。哲学家索伦·克尔凯戈尔说过,"要理解生活,你只能回头看;而要生活得更好,你只能大步向前"。如果我们不肯面对乱糟糟的生活琐碎,压抑自己受伤的情绪,我们就会成为这些情绪的奴隶。若再次遇到类似的事情我们会以更大的强度爆发出来。写日记可以帮我们理解过去,重建自信以享受现在和未来。

写日记这一行为跨越了文化及国界,而且写下创伤事件可以有效减轻焦虑和愤怒,职场上的人可以提升业绩。写日记还会带来更高的淋巴细胞数、更好的肝脏功能和更强的抗体反应。即使只是偶尔写上几分钟日记,也能让人产生变化。

情绪笔记也可以穿越时空,回到过去,追溯记忆中悲伤或快乐的事件。

当我们用勇敢的目光去审视曾经的体验,那些负面的东西才能消失、减少。多年前自己所无法承受的苦痛,经过后来的学习及成长,我们才更有力量去解决问题。

记录情绪日记的两个要点:

1.记下来时间、地点、人物。不用把每一次情绪经历都记下来,而是只记录重大的情绪经历。情绪发生后尽快地做记录,因为隔得越久,印象就会越模糊,有时候会被扭曲,有时候会被夸大。

2.记下来发生了什么事,你感受到了什么情绪,记录感受的时候,避免使用模糊的字眼。比如,我很难过,可以尽量具体地去描述,然后分析原因。

妈咪魔法棒

　　受孩子写日记的启发,我也开始写日记。我认真回忆了对孩子发脾气前前后后经历的事:先是因为工作要忙,我计划回家后早点辅导孩子做作业,再处理工作上的事。但是孩子不肯听话,我一激动,就发了火,实际上,我可以想办法调整时间加班,或者请爱人帮忙辅导孩子,再或者可以让孩子自己写日记,我同步加班,等他写完我再检查,我还可以先告诉孩子我今晚的计划,让他体谅我……我发完脾气,孩子日记中却写道"我讨厌妈妈",让我特别难过……

　　写着写着,我发现自己没有那么生气了,也意识到自己不是非发脾气不可,我还有很多办法可以让事情顺利进行。

　　后来,我跟儿子道歉了,并且也把写日记的方法介绍给他。他说自己总感觉写日记无话可写,所以才磨蹭,原来还可以直接表达自己每天的心情,这样他就知道该怎么办了,写日记速度也快了很多。

　　于是,有时我们一起写日记:"今天我又凶了儿子……""今天我不该惹妈妈生气……"

小贴士

　　1.写情绪日记有助于表达和宣泄情绪。有些人在经历了不开心的事后,总喜欢将情绪和想法深埋在心里,久而久之便形成了一股强大的压力。如果这种压力长期得不到合理的缓解,终会像洪水决堤一样对人的身体和心理健康造成损害。

2.写情绪日记有助于改变认知。人的情绪往往不是事件本身引起,而是他对事件的看法而引起的。书写自己对某件事情的情绪和想法,让人有更多机会重新认识这件事情,从而形成对这件事情新的看法和态度。

3.写情绪日记有助于澄清情绪和想法。储存在人脑内的情绪和想法往往是模糊不清的,而语言则相对具体。书写就是将情绪和想法语言化或符号化的过程。这种转换可以有效地调节情绪,让人们变得不那么愤怒、悲伤或恐惧。

④ 不去羡慕"别人家的孩子"

案 例

关键词:欣赏孩子

我的儿子很调皮,总是不让我省心,老师三天两头把我叫到学校,说孩子不是上课爱讲话,就是欺负同学了,或者踢球砸坏了公物,要么就是作业没好好写完……每到这时候,我就特别羡慕他们班的好学生,好像从来不要父母过问,就能乖乖地学习生活。我总是问儿子:为什么你总是这么差劲,你看看你们班的谁谁谁,别人家的孩子都不像你这样。一开始孩子还不说话,后来我说多了,孩子突然顶嘴:"你羡慕别人家的孩子,那我还羡慕别人家的妈妈呢!"

专家锐评

当家长在孩子们身边频繁提到各种各样的"别人家的孩子"时，这些话即便没有明确表达出家长的要求，但是当孩子的心理发展到一定阶段，他们已经能感受到家长说话时的情绪以及这些话背后的潜台词：这是家长对你的期待。

在这样的话语暗示下，孩子会把不如"别人家的孩子"的过错归咎在自己的身上，把这些负面的情绪和家长的期待打成一个厚重的包袱背在身上。

如果孩子在成长的过程中一直背负着沉重的心理压力，这些压力可能把孩子小小的自我压垮，进而影响孩子正常的生理、心理发育。

为什么不要去羡慕别人家的孩子呢？理由很简单，别人家的孩子就是别人家的孩子，他始终不属于你。别人家的孩子优秀，那是别人家的事情；自己家的孩子不优秀，那才是你应该关心的问题。

孩子优秀与否，是由很多因素决定的。首先，人与人之间有智商的差异。其次，孩子是否优秀，跟他所处的家庭环境也有非常大的关系。如果你对孩子的教育不闻不问，如果你家里整天吵吵闹闹，这样的环境下，你能指望自己的孩子学好吗？环境育人，是不容置疑的。最后，孩子优秀与否，取决于父母的个性及修养程度。父母的性格好，这对孩子的成长是极为有利的，我们的一举一动，一言一行，对孩子来说就是最直接、最原始、最本真的教科书。

妈咪魔法棒

孩子说他羡慕别人的妈妈，我一开始当然恼羞成怒，但事后想想，我说羡慕别人家的孩子，想必儿子心里也会感觉到刺痛吧。

于是我认真观察了那些优秀的父母都是怎么做的，结果发现，优秀的父母不论何时都在以身作则，而我却经常控制不住自己，乱发脾气。比如工作忙碌了一天，回到家里，看到乱七八糟的玩具摊了一地，孩子在一旁哭闹，我就会忍不住大吼："哭哭哭，成天就知道哭，烦不烦！"孩子从学校回家，我习惯性地问："今天老师都教了什么呀？"一边问，一边忙着其他事，每

次回应孩子的内容基本一致,根本觉察不出孩子的语气变化。小时候还给他读读绘本,后来总说工作忙,没有陪他读书,却总是抱怨他喜欢玩手机,不爱学习……

我忽然意识到,孩子如一张白纸,成长弯折的背后,不全是孩子的错。父母在孩子面前如何表达自己,决定了孩子今后的人生格局。

后来我会有意识改变策略,一方面自己好好学习做个合格的妈妈,另一方面也努力挖掘孩子的闪光点。比如我发现孩子虽然学习成绩一般,但体育非常好,跑步、跳远,都很出色,参加校运会还得了第一名,另外,他的语言表达能力和模仿能力很强,听郭德纲的相声,听了一遍就能学得惟妙惟肖……

慢慢地,我不再羡慕别人家的孩子,因为别人家的孩子肯定也有我不知道的缺点,而我自己的孩子,优点并不少。我把这个想法跟儿子说了,儿子沉默了半天,说:"妈妈,我也不羡慕别人家的妈妈了。"

小贴士

1.学会尊重孩子。只有尊重孩子,把孩子当成独立的个体看待,他们才会让你靠近。这样,彼此才能进入良性的沟通状态。

2.多鼓励孩子,而不是批评、责骂。孩子在得到父母鼓励的时候,会深深地体会到父母对自己的肯定和信任,从而增加孩子的自信心。

3.把每次犯错误当成一次很好的学习机会。这世上没有什么完美的孩子,完美的家长。当孩子犯错误时,我们不该立马批评他这样的行为,而是要去分析这样行为背后的原因,进而找到解决方法。

⑤　妈妈先做到,你再跟着学

案　例

关键词:言传身教

小悦起床在穿衣服,妈妈拿了条裤子过去,想帮小悦穿,小悦一下子就生气了,大声喊着:"我要穿裙子,你怎么又给我穿裤子! 我生气了,我讨厌你! 我要把你扔到外面去!"有时小悦

还会说更狠的话："我恨你！""我要把你打死！""你是全世界最坏的妈妈！"

妈妈实在又生气又寒心——我辛辛苦苦怀胎十月，冒着生命危险把你生出来，给你吃好的穿好的，自从你出生我就没好好享受过生活，你竟然这么跟我说话！

在这种情况下，妈妈的情绪也被孩子的情绪和"狠话"带动起来，孩子的"无心"之语很容易引发一场亲子之间的恶斗。

可是，思来想去，小悦怎么会说这么狠的话呢？原来，"恨死你""打死你"正是妈妈常用的口头禅。

专家锐评

中国有句俗话说：言传不如身教，身教不如境教。家庭是孩子从出生到思想体系基本形成和稳定前一直所处的环境，对孩子的成长来说自然尤为重要。

我们的孩子刚刚来到这个世界仅仅几年或十几年，应该说懂事不久，他们从书本学来的东西非常少，吸纳的信息绝大部分来源于大人的一言一行。孩子辨别能力很差，大人的言行举止成为他们效仿的最主要的对象。大人的每一句话、每一个举动都在影响着孩子，如果说孩子在思想道德方面存在问题，那么从某种意义上说，这是家长自身问题的折射。

"按照我说的去做""你可别像我这样……"之类的话，很难被孩子所接受。但父母日常生活中的表现，哪怕只是一个细节，对于孩子的成长都会有影响，所以，妈妈们应该牢记：随时随地注意以身作则。

如果孩子时常发脾气, 他们也许是在以一种特殊的方式告诉我们:"我不舒服,事情不是按照我想的那样发展,并且我无力改变。"

我们想一想,当一个孩子还没有独立行为能力,不能用语言表达自己的需求时,当他们不舒服的时候会怎么办?

婴儿阶段的孩子,饿了、渴了、累了、尿了、无聊了,都会通过哭来传递信号;再大一点,摔倒了也会通过哭来寻求帮助,希望妈妈帮助自己解除危险。

孩子在无法表达时,会通过一些方式向我们传递信息,哭是一种, 发脾气也是一种, 而且发脾气可以掩盖他们的无力感。

如果我们没有接收到这个信号,孩子就会模仿父母,以更加激烈的方式"求关注"。

比如小悦,她认为自己想要穿裙子,全世界都是知道的,并且应该配合自己,当妈妈的表现和自己想的不一样时,孩子的内心就会遭到打击——原来我什么都决定不了! 然后陷入深深的无力感,为了掩盖这种无力感,孩子就会发脾气,还会学着父母的"凶狠"以牙还牙。

面对这种情况,家长常常有三种表现——

1.心灰意冷——我对你这么好,你还不领情,我以后再也不管你了。

2.觉得自己毫无价值而崩溃——为了照顾孩子,我放弃了自己的工作,一点自己的世界都没有,一点价值感都没有,现在我竟然连孩子发脾气的事情都解决不了, 或者竟然连孩子

都跟我发脾气,不体谅我,我真是一点用都没有。

3.你竟然敢这么跟我说话,要给你点"颜色"看看。这种情况下,家长会生气骂孩子,甚至会因此打孩子。

不管是哪一种都会让孩子感到恐慌、压抑,再也不敢向家长毫无保留地表达心声,被迫变成一个没有生命力的孩子。

然而这些被孩子压抑下来的情绪,并不会因此而消失,而是会累积,然后等某一天因为很小的事情触发而爆发,那个时候就不是孩子拥有情绪,而是情绪支配孩子。

妈咪魔法棒

意识到小悦脾气的缘由后,我认真反省了自己。小悦认为全世界都应该配合自己穿裙子,但事实是我并不知道。这个时候我不再给孩子讲道理,不阻止孩子感受体验自己的情绪,只要孩子不伤害到自己和他人就可以。

然后我教她用合适的方式表达自己的需求和愤怒,比如不可以打骂妈妈,但可以拍被子和枕头或者其他东西。为此,我还给她做示范。当我看见小悦发脾气时,会拿个塑料袋边用力揉搓边说"我好生气!我好生气!"小悦会模仿我的样子揉搓,刚开始很用力,慢慢地,脸上就开始展露笑容了。

同时,我也努力克服自己那些不好的口头禅。并且和孩子约定:妈妈先做到不生气,然后你也跟着妈妈一起不再生气。

小 贴 士

1.允许孩子发脾气,知道这是孩子正常的情绪表达方式。

2.了解孩子发脾气背后想要传达的信息和期待。

3.允许孩子用正确的方式表达愤怒。

4.如果孩子说狠话,不要当真,去看看他们的真实感受。

5.先学会调整自己的情绪,再让孩子跟着学。

小 结

培养情绪稳定,聪明健康的孩子,并非一朝一夕的事,需要妈妈做好长期的思想准备。在这个过程中,妈妈需要调整心态,自己先练就强大的内心,才能在"小神兽"火山喷发时镇定自若。妈妈们可以从改变观念认知、自我情绪调节、建立信任、以身作则等方面,提高抗压能力,培养对孩子的理解和耐心,实现家长的自我成长。

◀ 后记 ▶

据儿童教育学最新研究指出：6岁以前的情感经验对人的一生具有恒久的影响，孩子如果此时无法集中注意力，性格急躁、易怒、悲观、具破坏性，或者孤独、焦虑，对自己不满意等，会很大程度地影响其今后的个性发展和品格培养。而且，如果负面情绪常出现而且持续不断，就会对个人产生持久的负面影响，进而影响孩子的身心健康与人际关系的发展。

所以，作为妈妈的你，有一项很重要的工作：及早重视孩子的情感要求并对孩子情绪做出正确的引导，帮助孩子认识、了解和控制自己的情绪，学会理解他人，即为孩子做好"情绪管理"，让孩子从小就拥有优质的情商。

这里所提到的"情绪管理"，是时下最流行的教育方式之一，即通过情绪管理教育，让孩子学会倾诉和表达快乐、悲伤、紧张、胆小等各种情绪。

同时，教育孩子学会聆听别人谈话、欣赏别人优点、对待生活中得失等。这不但有利于孩子的身心健康发展，还会有助于提高孩子的人际关系与解决问题的能力，帮助孩子形成良好的心理品质，而这一切，也是奠定孩子成功人生的基础。

儿童在5-6岁时学会了调节自己的情绪，开始使用一定的策略来掩饰自己的情绪，掌握了简单的表现规则。在做了大人禁止做的事情后，为了逃避惩罚，掩饰自己的负罪感，掩饰自己的真实情绪，孩子会学会撒谎，但是他们的策略是简单

的,很容易被成人发现。成人这时也不必发怒,要先检查自己的禁令是否合理,和孩子讲清楚道理,同时要记住,原先如果申明要惩罚的,就一定要执行。

此时的爸爸妈妈,更要细微观察孩子的情绪变化,鼓励孩子说出心里真正的想法,然后告诉孩子正确的情绪应对方法,这样孩子的应对策略才会更加有效。

为了帮助妈妈们更好地了解孩子的情绪问题,我将本书的编写思路设计如下:

第一章《孩子爱发脾气,正常吗?》,由常见的孩子发脾气的表象入手,选择合适的案例,分别从生理、心理、性别、年龄、成长环境等方面,分析影响孩子情绪的各种因素,帮助父母探索成长规律。

第二章《当孩子发脾气时,他在想什么?》,从生理需求、安全需求、爱和归属感、尊重和自我实现等方面,探索孩子发脾气的内在原因。

第三章《面对发脾气的孩子,我该怎么做?》,考虑到妈妈们需要有针对性地应付孩子突如其来的"洪荒之力",所以本章通过望闻问切般的"中医疗法",对症下药,并通过角色互换等方法,帮助孩子调整情绪。

第四章《做孩子的守护神,你准备好了吗?》则重点讲妈妈需要长期修炼的基本功以及追求的自我成长,从改变观念认知、自我情绪调节、建立信任、以身作则等方面,帮助妈妈提高抗压能力,培养对孩子的理解和耐心,在养育孩子的过程中收获自身的进步。

综上所述,本书通过案例分析的形式,由表及里,分析现象,追究原因,从短期救急到长期练习等方面,都和妈妈们进行探讨交流,希望能有一定的借鉴意义。

由于水平有限,加上时间仓促,书中难免有错误和不足之处,真诚欢迎广大读者提出宝贵意见。

玉雪寒

2020 年 6 月 1 日